Sherlock Holmes

Silke Martin

Sherlock Holmes

Das Kochbuch

Fotografie:
Tina Bumann

Hölker Verlag

INHALT

BREAKFAST

LUNCH

Tea Time

Dinner

Drinks

SP

Vorwort

Sherlock Holmes gehört zu den wohl bekanntesten Figuren in der Literaturgeschichte. Millionenfach wurden die Erzählungen und Romane von Sir Arthur Conan Doyle gedruckt, unzählige Male verfilmt. Noch heute, weit über 100 Jahre nach ihrer Entstehung, ist der außergewöhnliche Detektiv für die Menschen faszinierend. Sein genialer Spürsinn, seine einzigartige Kunst der Deduktion, die nie endende Lust am Kombinieren und der scharfe Blick für kleinste Details machen ihn zu einer originären Romanfigur, die für ihr Genre Maßstäbe gesetzt hat.

Gemein ist den Romanen und Geschichten auch die Genussfreude des Protagonisten. Keine Erzählung, in der es nicht auch ums Essen und Trinken geht. Hier ein ausgiebiges Frühstück am Morgen, dort eine gemütliche Teestunde am Nachmittag. Mittags ein schneller Lunch im Gasthaus auf dem Land, am Abend ein erlesenes Dinner im Londoner Lieblingsrestaurant. Und nachdem alle Diebe und Mörder gefangen, alle losen Fäden verknüpft, alle Geheimnisse enträtselt sind, darf es vor dem Kamin in der Baker Street 221B gerne noch ein Whisky oder Portwein sein, der zur Pfeife so vorzüglich mundet.

Sherlock Holmes ist ein echter Gourmet. Er schätzt edle Delikatessen und teure Weine ebenso wie traditionsreiche bürgerliche Gerichte und regionale Spezialitäten. Nicht selten lässt er den Fall auch mal Fall sein und nimmt sich bewusst die Muße zum Essen und Genießen.

So ist es an der Zeit, auch dem kulinarischen Leben des Sherlock Holmes ein Kochbuch zu widmen. Die insgesamt 56 Kurzgeschichten und vier Romane sind die Quelle der 50 Rezepte in diesem Buch, die den Bogen spannen von Frühstück über Lunch und Tea Time bis hin zu Dinner und Drinks. Mal greifen die Rezepte Handlungsstränge auf und interpretieren tatsächlich zitierte Speisen auf zeitgemäße Weise, mal werden sie von der Atmosphäre der Erzählungen, den Protagonisten, dem Ort der Handlung oder regionalen Spezialitäten der britischen Küche inspiriert.

Lassen Sie sich überraschen, welche Köstlichkeiten sich aus den Hinweisen in den berühmten Geschichten zaubern lassen, und fühlen Sie sich eingeladen, die Rezepte in Ihrer eigenen Küche nachzukochen.

Herzlich willkommen in der genussvollen Welt des Sherlock Holmes!

Wenn du das Unmögliche ausgeschlossen hast, dann ist das, was übrig bleibt, die Wahrheit, so unwahrscheinlich sie auch ist.

Sir Arthur Conan Doyle
Die Abenteuer des Sherlock Holmes, 1892

Sherlock Holmes

Break Fast

Der Doktor und sein Patient * Der Marinevertrag
Der schwarze Peter * Das getupfte Band
Das Tal des Grauens * Der Baumeister von Norwood
Der Hund der Baskervilles * Die Entführung
aus der Klosterschule * Die Thor-Brücke
Die Löwenmähne

Zitronen-Ricotta-Pancakes mit Blaubeersauce

Ein schwüler Tag im September, Holmes und Watson sitzen träge in der Baker Street, wohl wissend, dass der nächste Fall nicht lange auf sich warten lässt. Die Hitze des Sommers hängt noch in den Straßen Londons. Die saftigen Pancakes mit feinem Zitrusaroma sind genau das Richtige für so einen heißen Tag. Wie gut, dass noch Blaubeersaison ist, denn die fruchtige Sauce passt perfekt zu den kleinen, feinen Pfannkuchen.

Zutaten

Für ca. 15 Pancakes

Für die Pancakes:
175 ml Milch
150 g Ricotta
1 Ei
2 EL brauner Zucker
150 g Mehl
1 EL Backpulver
1 Prise Maldon Sea Salt
Saft und Abrieb von
1 Bio-Zitrone
1 EL Ahornsirup
25 g Butter, zerlassen
plus etwas zum Ausbacken

Für die Blaubeersauce:
200 g Blaubeeren
2 EL Zucker
Mark von 1 Vanilleschote
150 ml roter Traubensaft
1 TL Speisestärke
plus ggf. etwas mehr

Außerdem:
Puderzucker

Für die Pancakes die Milch mit Ricotta, Ei und Zucker mit den Schneebesen des Handrührgerätes so lange verrühren, bis sich der Zucker aufgelöst hat. Das Mehl mit Backpulver und Salz mischen und darübersieben. Gründlich einarbeiten. Zitronensaft und -abrieb, Ahornsirup und die zerlassene Butter zugeben und unterrühren, bis ein glatter Teig entstanden ist. Kurz ruhen lassen.

In der Zwischenzeit die Blaubeersauce zubereiten. Dafür die Beeren waschen und abtropfen lassen. Mit Zucker, Vanillemark und 100 ml Traubensaft in einem Topf einmal aufkochen. Alles ca. 1 Min. bei mittlerer Hitze köcheln lassen, bis die Blaubeeren weich sind. Die Speisestärke im restlichen Traubensaft auflösen und unter die heißen Blaubeeren rühren. Sollte die Sauce noch zu flüssig sein, mehr Speisestärke, in etwas Wasser aufgelöst, einrühren. Alles 1 Min. bei geringer Hitze und unter Rühren köcheln lassen, dann vom Herd nehmen und abkühlen lassen.

Eine beschichtete Pfanne bei mittlerer Temperatur erhitzen und 1 TL Butter darin zerlassen. Mit einer Saucenkelle drei Teigportionen in die Pfanne geben und ca. 2 Min. ausbacken. Sobald sich auf der Oberfläche der Pancakes feine Bläschen bilden und sie sich vom Pfannenboden lösen, wenden und nochmals 1 Min. backen. Dann herausnehmen und warm stellen. Nun nacheinander die restlichen Pancakes backen.

Die Pancakes nach Belieben mit Puderzucker bestreuen und mit der lauwarmen Blaubeersauce servieren.

FRÜHSTÜCKSCURRY FÜR PERCY PHELPS

Watsons alter Schulfreund Percy Phelps hat ein Problem. Ein ihm im Geheimen anvertrauter Vertrag von großer politischer Brisanz ist verschwunden. Seine Ehre steht auf dem Spiel. Doch Holmes gelingt es, den Vertrag wieder herbeizuschaffen, und serviert ihn dem überglücklichen Phelps beim gemeinsamen Frühstück zusammen mit einem köstlichen Curry.

ZUTATEN

Für 4 Portionen

4 Hähnchenbrustfilets, ohne Haut
2 Zwiebeln
1 Stück Ingwer (2 cm)
2 Knoblauchzehen
1 EL Ghee (geklärte Butter)
4 EL Tomatenmark
2 TL Garam Masala
2 TL Paprikapulver (edelsüß)
½ TL Chilipulver
Maldon Sea Salt
frisch gemahlener schwarzer Pfeffer
1 Prise Zimt
100 ml Kokosmilch
4 Scheiben Vollkorntoast
2 EL frisch gehackte Blattpetersilie

Für die Marinade:

1 Stück Ingwer (3 cm)
2 Knoblauchzehen
200 g Naturjoghurt
1 EL Zitronensaft
1 TL gemahlene Kurkuma
½ TL Chilipulver oder -flocken
1 TL Garam Masala
1 TL Paprikapulver (edelsüß)
1 TL gemahlener Kreuzkümmel
1 TL gemahlener Koriander

Die Hähnchenbrustfilets abspülen, trocken tupfen und in mundgerechte Stücke schneiden.

Für die Marinade Ingwer und Knoblauch schälen, fein hacken und mit den übrigen Zutaten in einer Schüssel vermengen. Die Hähnchenstücke in die Marinade geben und gründlich durchmischen, bis das Fleisch komplett von der Marinade überzogen ist. Für 24 Std., mindestens aber über Nacht, abgedeckt kühl stellen.

Am nächsten Tag Zwiebeln, Ingwer und Knoblauch schälen und fein hacken. Das Ghee in einer großen, hohen Pfanne erhitzen und die Zwiebeln darin glasig dünsten. Knoblauch und Ingwer zufügen, kurz mitdünsten, dann das Tomatenmark zugeben und karamellisieren lassen. Die Gewürze zufügen und kurz anrösten.

Das Hähnchenfleisch mit der Marinade in die Pfanne geben und 2 Min. braten. Dann bei mittlerer Temperatur 8 Min. abgedeckt köcheln lassen. Ab und zu umrühren. Es sollte eine dickflüssige Sauce entstehen. Falls zu viel Flüssigkeit verdampft, etwas Wasser zugeben. Mit Salz, Pfeffer und Zimt abschmecken und die Kokosmilch angießen. Noch einmal aufkochen lassen, dann vom Herd nehmen.

In der Zwischenzeit den Toast im Toaster knusprig anrösten. Das Hähnchencurry mit Petersilie garnieren und mit dem Toast servieren.

WINDBEUTEL MIT RÜHREI UND PILZEN

Mrs. Hudson ist not amused. Da bereitet sie ein herrliches Rührei zum Frühstück und dann erscheint Inspektor Hopkins in der Baker Street und hält Holmes und Watson etwas zu lange auf. Bis Holmes den Fall um den Tod des Kapitäns Peter Carey gelöst hat, ist das Rührei längst kalt geworden. Damit es schön warm bleibt, packt sie es beim nächsten Mal lieber in einen fluffigen Windbeutel.

ZUTATEN

Für 8 Windbeutel

Für die Windbeutel:

2 EL Butter
1 Prise Maldon Sea Salt
1 TL Zucker
100 g Mehl
3 Eier

Für Rührei und Pilze:

4 Eier
1 Schuss Mineralwasser
Maldon Sea Salt
frisch gemahlener schwarzer Pfeffer
½ TL Paprikapulver (edelsüß)
200 g braune Champignons
100 g Speckwürfel
3 EL Olivenöl
1 EL frisch gehackte Petersilie
1 EL Butter

Für den Tomatendip:

4 große Tomaten
1 kleine rote Chilischote
1 Knoblauchzehe, gepresst
2 EL Tomatenmark
2 EL Olivenöl
1 TL getrocknete Kräuter der Provence
Maldon Sea Salt
Cayennepfeffer

Den Backofen auf 220 °C vorheizen. Ein Backblech mit Backpapier auslegen.

Für die Windbeutel einen Brandteig herstellen: Dazu 150 ml Wasser mit Butter, Salz und Zucker in einem Topf aufkochen, bis die Butter geschmolzen ist. Dann bei mittlerer Temperatur das Mehl zugeben und mit einem Holzlöffel unter ständigem Rühren einen zähen Teig anrühren, bis keine Flüssigkeit mehr im Topf ist. Den Teig immer wieder von allen Seiten auf den Topfboden drücken und „abbrennen“, was dafür sorgt, dass die Windbeutel schön fluffig werden. Sobald sich eine weiße Schicht am Topfboden bildet, den Teig in einer Schüssel abkühlen lassen. Die Eier einzeln mit den Schneebesen des Handrührgerätes einarbeiten. Nach ein paar Minuten fällt der Teig zäh vom Löffel. In einen Spritzbeutel mit gezackter Tülle geben und acht gleich große Teigkleckse auf das Backpapier spritzen. Ca. 25 Min. zu goldbraunen Windbeuteln backen (dabei die Türe nicht öffnen!). Aus dem Ofen nehmen und etwas abkühlen lassen.

Für das Rührei die Eier in einer Schüssel gründlich verquirlen. Das Mineralwasser kurz unterschlagen. Mit Salz, Pfeffer und Paprika würzen. Die Champignons putzen und klein würfeln. Den Speck bei mittlerer Temperatur in der Pfanne zerlassen, Olivenöl und Champignons zugeben und ca. 5 Min. braten. Mit Salz und Pfeffer würzen. Die Petersilie unterheben. In einer zweiten Pfanne die Butter bei mittlerer Temperatur zerlassen und die Eier darin unter Rühren braten.

Für den Dip die Tomaten vierteln, entkernen und klein schneiden. Die Chilischote entkernen und hacken. Tomaten und Chili mit Knoblauch, Tomatenmark, Olivenöl und Kräutern in einem Mixer zu einer sämigen Sauce pürieren. Mit Salz und Cayennepfeffer pikant abschmecken.

Die Windbeutel quer aufschneiden, mit Rührei und Pilzen befüllen. Den Deckel aufsetzen. Mit dem Tomatendip servieren.

FRÜHLINGSKRÄUTERWAFFELN MIT LIMETTEN-SCHMAND-DIP

Holmes und Watson reisen ins frühlingshafte Surrey. Der schwierige Fall der jungen Helene Stoner, die nicht zu Unrecht um ihr Leben fürchtet, wird die ganze Aufmerksamkeit der beiden fesseln. Da kommen diese luftigen Waffeln gerade zur rechten Zeit.

ZUTATEN

Für ca. 10 Waffeln

Für die Waffeln:
50 g frische Kräuter, fein gehackt
300 ml Buttermilch
150 g weiche Butter
4 Eier
300 g Mehl
2 TL Backpulver
2 TL Maldon Sea Salt
1 kräftige Prise frisch geriebene Muskatnuss
80 g Pecorino, gerieben

Für den Limetten-Schmand-Dip:
100 g Schmand
100 g Sahnejoghurt
Abrieb und Saft von 1 Bio-Limette
Maldon Sea Salt
weißer Pfeffer
1 Msp. Currypulver

Außerdem:
Waffeleisen
Butter bzw. Öl für das Waffeleisen

Für die Waffeln die Kräuter mit der Buttermilch verrühren. Die Butter mit den Eiern mit den Schneebesen des Handrührgerätes cremig aufschlagen, dann die Kräuter-Buttermilch einarbeiten. Das Mehl mit Backpulver, Salz und Muskat mischen und in mehreren Portionen zur Eiermasse geben und weiter mit dem Handrührer mixen, sodass keine Klümpchen entstehen. Den Pecorino zufügen und alles zu einem glatten Waffelteig verarbeiten. Anschließend 15 Min. ruhen lassen.

In der Zwischenzeit für den Dip Schmand und Joghurt verrühren. Limettenabrieb und -saft zugeben und mit Salz, Pfeffer und Curry abschmecken.

Das Waffeleisen erhitzen und fetten. Den Teig portionsweise einfüllen und so ca. 10 Waffeln knusprig ausbacken. Mit dem Schmand-Dip servieren.

Birlstone Overnight Oats mit Beeren

Ein geheimnisvoller chiffrierter Brief bringt Holmes ins Grübeln. Er kann den Code zunächst nicht knacken und die wichtige Nachricht lesen und das versetzt ihn erst recht in Aufregung. So bleibt das Frühstück unberührt und stattdessen wandert erst einmal die Pfeife in Holmes' Mundwinkel. Diese beerigen Overnight Oats hätten ihm bestimmt gemundet … und mit all den gesunden Ingredienzien auch die Lösung rasch herbeigebracht.

Zutaten

Für 2 Portionen

8 EL kernige Haferflocken
1 EL Chiasamen
200 ml Hafer- oder Mandelmilch
100 g Naturjoghurt
1 Prise gemahlene Vanille
2 EL Honig (nach Belieben)
50 g gemischte Beeren
(z. B. Brombeeren, Himbeeren, Heidelbeeren, Johannisbeeren)
2 EL Kokoschips

Die Haferflocken mit den Chiasamen in eine Schüssel geben. Milch und Joghurt zugeben. Vanille und – wer es süßer mag – Honig zufügen und alles gut vermengen. In zwei Gläser, wenn möglich mit Deckel, füllen. Erst die Beeren, dann die Kokoschips auf den Overnight Oats verteilen und über Nacht abgedeckt in den Kühlschrank stellen.

Mindestens 15 Min. vor dem Servieren aus dem Kühlschrank nehmen.

Spinat-Lachs-Wraps für unterwegs

Holmes hat es eilig. Übernächtigt und in Gedanken nur bei seinem Fall nimmt er sich keine Zeit fürs Frühstück. Ihm fehle die Kraft zum Verdauen, erklärt er Dr. Watson, der als besorgter Arzt jedoch zur Stärkung rät. Also lässt Holmes sich etwas für die Fahrt nach Norwood einpacken. Die gefüllten Wraps sind der perfekte Reisebegleiter und lassen sich auch in einer schaukelnden Pferdekutsche bequem verzehren.

Zutaten

Für 4 Portionen

Für die Wraps:

200 g Mehl (Type 550), plus etwas zum Verarbeiten
1 TL Backpulver
1 TL Maldon Sea Salt
100 ml lauwarmes Wasser
2 EL Olivenöl

Für die Füllung:

150 g Frischkäse
1 EL Sahne
2 EL Zitronensaft
1 TL Honigsenf
1 TL Sahnemeerrettich
Maldon Sea Salt
Currypulver
500 g Babyspinat
1 Bund Dill
200 g geräucherter Wildlachs

Für die Wraps das Mehl mit Backpulver und Salz vermischen, lauwarmes Wasser und Öl zugeben und alles zu einem geschmeidigen Teig verkneten. Den Teig abgedeckt 30 Min. kühl stellen.

In der Zwischenzeit für die Füllung den Frischkäse mit Sahne, Zitronensaft, Honigsenf und Sahnemeerrettich verrühren, mit Salz und Curry würzen. Den Babyspinat kurz in heißem Salzwasser blanchieren, herausheben und leicht ausdrücken, dann nochmals abtropfen lassen. Den Dill abbrausen, trocken tupfen und grob hacken.

Den Teig in vier Portionen teilen und jede Portion auf der bemehlten Arbeitsfläche zu einem runden, möglichst dünnen Fladen ausrollen. Eine beschichtete Pfanne erhitzen. Die Fladen in der heißen Pfanne ohne Fett ausbacken. Sobald der Teig Blasen wirft, wenden und fertig backen. Damit die fertigen Wraps weich bleiben, zwischen zwei warmen, feuchten Küchenhandtüchern lagern.

Frischkäse, Lachs, Babyspinat und Dill gleichmäßig auf den Wraps verteilen. Die Wraps einrollen und zum Servieren schräg halbieren.

Tipp

Wenn's mal schnell gehen muss, einfach fertige Wraps verwenden. Zum Mitnehmen in etwas Butterbrotpapier einwickeln und in der Mitte mit einem Bindfaden zubinden.

OMELETT MIT HENRY BASKERVILLE

Dr. Watson reist nach Devon, um Sir Henry Baskerville beizustehen und ihn davor zu beschützen, einem jahrhundertealten Fluch zum Opfer zu fallen. Das düstere Moor vor der Tür und der riesige mörderische Hund, der der Sage nach dort draußen lauert, scheinen am Morgen nach Watsons Ankunft vergessen. Das Sonnenlicht durchflutet das Esszimmer und strahlt mit dem goldgelben Omelett, gefüllt mit dem beliebten Devon Blue, um die Wette.

ZUTATEN

Für 2 Personen

2 Tomaten
2 Schalotten
100 g Blauschimmelkäse (z. B. Devon Blue)
4 Eier
2 EL Sahne
Maldon Sea Salt
frisch gemahlener schwarzer Pfeffer
Paprikapulver (edelsüß)
frisch geriebene Muskatnuss
2 EL Butter

Außerdem:

2 EL frisch gehackter Schnittlauch

Die Tomaten kreuzweise einritzen und mit heißem Wasser überbrühen. Kurz stehen lassen, dann die Haut entfernen. Vierteln, entkernen und in kleine Würfel schneiden. Schalotten und Käse ebenfalls fein würfeln. Die Eier mit Sahne, Salz, Pfeffer, Paprika und Muskat gründlich verquirlen.

1 EL Butter in einer großen beschichteten Pfanne bei mittlerer Temperatur zerlassen. Die Hälfte der Schalotten hineingeben und glasig dünsten. Dann die Hälfte der Eimasse in die Pfanne geben und dabei hin und her schwenken, damit sie sich gleichmäßig verteilt. Die Hälfte der Tomaten- und Käsewürfel gleichmäßig darauf verteilen. Die Pfanne abdecken und das Omelett ca. 2 Min. braten.

Sobald die Oberfläche fast komplett gestockt ist, das Omelett einmal umklappen, die Pfanne vom Herd ziehen und das Omelett noch 30 Sek. ruhen lassen. Dann auf einen Teller gleiten lassen und warm stellen. Mit den restlichen Zutaten ein zweites Omelett zubereiten.

Die Omeletts mit Schnittlauch garnieren und servieren. Dazu passt knuspriges Baguette.

Sally Lunn Bread

Ob es Sally Lunn tatsächlich gab, die im 17. Jahrhundert das nach ihr benannte Hefegebäck im Städtchen Bath feilbot, ist ungewiss. Sicher hätte Holmes es herausgefunden. Als er Watson im Morgengrauen weckt, um sich mit ihm auf die Suche nach einem verschwundenen Jungen zu begeben, bietet er ihm ein paar Scheiben des köstlichen Brotes an und stellt ihm fürsorglich sogar noch einen Kakao bereit.

Zutaten

Für 1 Brot

50 g Butter
300 ml Milch
1 TL Zucker
1 Pck. Vanillezucker
½ Würfel frische Hefe (21 g)
2 Eier
450 g Mehl (Type 550)
1 TL Maldon Sea Salt
1 TL Abrieb von 1 Bio-Orange

Außerdem:
Butter für die Form
Springform mit Gugelhupfeinsatz (ø 24 cm)

Die Butter in einem Topf bei mittlerer Temperatur zerlassen. Dann vom Herd nehmen und in eine Schüssel gießen. Die Milch und beide Zuckersorten zugeben. Die Hefe hineinbröckeln. Gut verrühren, bis sich die Hefe komplett aufgelöst hat.

Die Eier gründlich verquirlen. Zur Hefemischung geben. Das Mehl durchsieben und mit Salz und Orangenabrieb zufügen. Der Teig ist sehr weich und klebrig. Daher mit einem Holzlöffel oder Schneebesen 2–3 Min. kräftig schlagen.

Den Teig in die gefettete Form gießen. Abgedeckt an einem warmen Ort ca. 1,5 Std. gehen lassen – der Teig sollte bis an den Rand der Springform aufgehen.

In der Zwischenzeit den Backofen auf 180 °C vorheizen. Nach dem Gehen das Brot in den vorgeheizten Ofen schieben und 40–45 Min. goldbraun backen. Mit einem Holzstäbchen prüfen, ob es durchgebacken ist. Wenn kein Teig mehr am Stäbchen haften bleibt, herausnehmen und sofort vorsichtig aus der Form lösen. Zum Sally Lunn Bread passen am besten Butter, Marmelade, Lemon Curd oder Honig.

EGGS BENEDICT

Die neue Köchin hat etwas zu lange in ihr Klatschmagazin geschaut, als sie die Eier für Sherlock Holmes' Frühstück bereitet. Dessen Laune ist ungeachtet dessen vorzüglich, steht er doch gerade vor einem neuen Fall, der ihm seine ungeliebte Langeweile vertreibt. Damit die Stimmung so ausgelassen bleibt, sollte ihm die Köchin anstelle hart gekochter Eier lieber diese wolkengleichen Eggs Benedict servieren.

ZUTATEN

Für 4 Portionen

3 EL Weißweinessig
4 Eier
4 Englische Muffins oder Toastbrötchen
1 EL Butter
8 Scheiben Kochschinken (alternativ: Bacon)
1 Schale Gartenkresse
frisch gemahlener schwarzer Pfeffer

Für die Sauce hollandaise:

200 g Butter
4 Eigelb
100 ml Weißwein
1 TL Zitronensaft
1 TL Dijonsenf
Maldon Sea Salt
weißer Pfeffer

Für die Sauce hollandaise die Butter schmelzen und wieder etwas abkühlen lassen. Die Eigelbe über einem Wasserbad mit Weißwein und Zitronensaft mit dem Schneebesen schaumig aufschlagen. Dann nach und nach vorsichtig die Butter unterschlagen, nie zu viel auf einmal, damit die Sauce nicht gerinnt. Den Senf einrühren und mit Salz und Pfeffer würzen. Die Sauce bis zum Servieren warm halten.

Für die pochierten Eier einen Teller mit Küchenpapier auslegen und einen Topf mit reichlich Wasser und dem Essig zum Kochen bringen. Zuerst ein Ei in eine Suppenkelle oder Tasse aufschlagen. Mit einem Schneebesen im Topf einen Strudel erzeugen und das Ei vorsichtig von der Kelle in den Strudel gleiten lassen, sodass es sich mitdreht und dabei das Eiweiß das Eigelb umhüllt. Mit den übrigen 3 Eiern im Anschluss zügig ebenso verfahren. Die Hitze reduzieren, das Wasser sollte nicht mehr kochen, und die Eier ca. 3 Min. im Wasser ziehen lassen. Dann herausheben und auf Küchenpapier abtropfen lassen.

Die Muffins bzw. Toastbrötchen halbieren. Die Butter in einer Pfanne zerlassen und die Muffins bzw. Toastbrötchen auf der Schnittseite kurz anrösten. Dann den Schinken in die Pfanne geben und wenige Sekunden darin anbraten. Jeweils zwei Brötchenhälften auf einen Teller geben, den Schinken darauflegen, dann vorsichtig die pochierten Eier daraufsetzen. Die Sauce hollandaise darübergießen, mit Kresse und etwas schwarzem Pfeffer garnieren.

Wire

Honig-Granola mit Joghurt und Zimt-Pflaumen

Holmes setzt sich auf dem Land, in Sussex, zur Ruhe. Fernab vom Trubel Londons und den dunklen Verbrechen erholt er sich an der milden Südküste Englands von seinem aufregenden Leben. In dem einsam liegenden Haus am Meer leisten ihm nur seine Bienen Gesellschaft. Und deren Honig versüßt vortrefflich dieses knusprige Granola.

Zutaten

Für 4 Portionen

Für das Granola:

100 g gemischte Nüsse und Kerne nach Wahl (z. B. Mandeln, Kürbiskerne, Sonnenblumenkerne, Walnüsse, Haselnüsse)
300 g Haferflocken
80 g Kokosöl
120 g Waldhonig
½ TL Maldon Sea Salt

Für die Zimt-Pflaumen:

1 Glas Pflaumen (720 ml)
2 Zimtstangen
Mark von 1 Vanilleschote
1 EL Speisestärke

Außerdem:

500 g Naturjoghurt
3 EL Waldhonig

Den Backofen auf 180 °C vorheizen. Für das Granola die Nüsse grob hacken, dann mit den Haferflocken mischen. Das Kokosöl bei mittlerer Temperatur erwärmen, bis es flüssig ist, den Honig mit dem Salz einrühren und die Mischung über die Nuss-Haferflocken-Mischung geben. Alles gründlich umrühren, bis eine homogene Masse entstanden ist.

Ein Backblech mit Backpapier auslegen und die Nussmischung darauf verteilen. Für 10 Min. in den Backofen schieben. Dann mit einem Pfannenwender gründlich durchmischen und weitere 8 Min. backen, bis das Granola goldbraun und knusprig ist. Vorsicht: Es kann leicht schwarz werden, also den Backofen in den letzten Minuten immer im Auge behalten! Dann herausnehmen und abkühlen lassen.

In der Zwischenzeit die Zimt-Pflaumen zubereiten. Dazu die Pflaumen in ein Sieb über einem Topf abgießen und die Früchte beiseitestellen. Die Zimtstangen und das Vanillemark in den Topf mit dem Pflaumensaft geben und einmal aufkochen lassen. Die Speisestärke in 1 EL Wasser auflösen und in den Pflaumensaft rühren, nochmals aufkochen, dann bei niedriger Temperatur 2–3 Min. köcheln. Die Zimtstangen herausnehmen und die Pflaumen hineingeben, kurz erwärmen und vom Herd nehmen.

Den Joghurt mit Honig verrühren, auf Schüsseln verteilen und mit Granola und Zimt-Pflaumen servieren.

Tipp

Übrig gebliebenes Granola hält sich in einem luftdichten Behälter ca. 2 Wochen.

Lunch

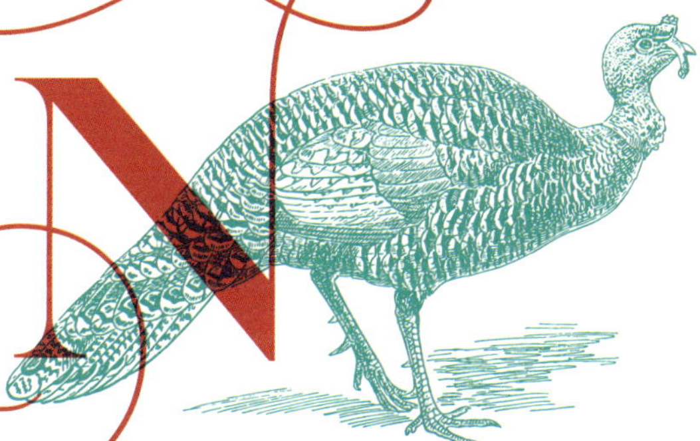

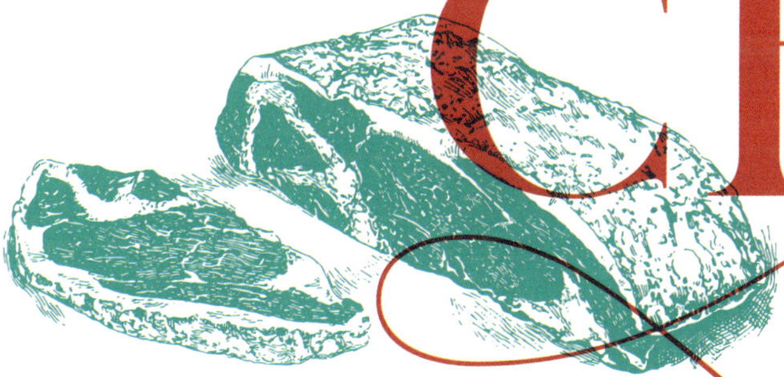

Der Teufelsfuss * Eine Studie in Scharlachrot
Die Entführung aus der Klosterschule
Der Marinevertrag * Der geheimnisvolle Mord
im Tal von Boscombe * Die sechs Napoleonbüsten
Der Mann mit der Schramme * Ein Skandal in Böhmen
Die verschleierte Mieterin * Das Landhaus
in Hampshire * Der Hund der Baskervilles
Das letzte Problem

Cornish Pasty

Eigentlich weilen Holmes und Watson zur Erholung in Cornwall. Doch dann erfahren sie von der Tragödie der Familie Tregennis, die Holmes später als seltsamsten Fall seiner Laufbahn bezeichnen und in dessen Verlauf Watson Holmes sogar das Leben retten wird. Wir empfehlen den Ermittlern eine lokale Spezialität, die Cornish Pasty. Vor allem Bauern und Bergleute schätzten diesen hübsch im Teigmantel verpackten Eintopf, den sie ohne Teller und Besteck ganz unkompliziert essen konnten.

Zutaten

Für 4 Stück

Für den Teig:

200 g Weizenmehl
200 g Dinkelmehl
2 TL Backpulver
125 g kalte Butter, in Stücken
½ TL Maldon Sea Salt
1 Ei plus 1 Eigelb zum Bestreichen
ca. 120 ml kaltes Wasser

Für die Füllung:

300 g Rumpsteak oder Rindergulasch
300 g Kartoffeln
125 g Steckrübe (alternativ: 2 Möhren, 1 Pastinake)
2 kleine Zwiebeln
Maldon Sea Salt
frisch geriebener schwarzer Pfeffer
frisch geriebene Muskatnuss
Paprikapulver (edelsüß)
1 EL getrockneter Thymian
1 EL frisch gehackte Petersilie

Für den Teig beide Mehlsorten und Backpulver mit Butter, Salz und Ei zu einem Teig verkneten. Dann das Wasser zugeben, bis der Teig geschmeidig und weich wird, jedoch ohne zu kleben. In Frischhaltefolie wickeln und 1 Std. kühl stellen.

In der Zwischenzeit die Füllung vorbereiten. Dafür das Rindfleisch klein würfeln. Kartoffeln, Steckrübe und Zwiebeln schälen und ebenfalls in kleine Würfel schneiden. Alles in eine Schüssel geben und kräftig mit Salz, Pfeffer, Muskat und Paprika würzen. Thymian und Petersilie zufügen und alles noch einmal gründlich mischen.

Den Backofen auf 175 °C vorheizen. Den Teig in vier gleich große Portionen teilen. Jede Portion rund ausrollen, nicht zu dünn, damit die Pasteten nicht aufreißen. Jeweils ein Viertel der Füllung in die Mitte der Teigfladen geben. Den unteren Rand nach oben klappen, sodass die typische Cornish-Pasty- oder auch Calzone-Form entsteht. Den Rand etwas dicker formen und die Pastete damit gut verschließen. Wer mag, verziert den Rand mit einer Gabel. In der Mitte ein stecknadelkopfgroßes Loch ausstechen, damit beim Backen Dampf entweichen kann. Mit dem verquirlten Eigelb bestreichen.

Die Pasteten auf ein Backblech legen und im vorgeheizten Ofen 50–55 Min. goldbraun backen. Herausnehmen und vor dem Servieren etwas abkühlen lassen. Sie schmecken auch kalt hervorragend.

Grillgemüse mit Gewürznüssen

Holmes ist bester Stimmung, denn er hat für den Abend Konzertkarten und freut sich auf die seinerzeit wohl berühmteste Geigerin der Welt, Wilma Neruda. Zuvor nimmt er noch einen leichten Lunch ein. Das mediterrane Grillgemüse ist hier die perfekte Wahl, damit er später im Konzert nicht einnickt.

Zutaten

Für 4 Portionen

Für das Grillgemüse:

1 rote Paprikaschote
1 gelbe Paprikaschote
100 g Kirschtomaten
1 kleine grüne Zucchini
1 kleine gelbe Zucchini
1 Aubergine
4 Schalotten
4 Riesenchampignons
Maldon Sea Salt
Olivenöl
2 kleine Knoblauchzehen
2 EL Zitronensaft
1 TL Akazienhonig (alternativ: anderer flüssiger Honig)
frisch gemahlener schwarzer Pfeffer

Für die Gewürznüsse:

1 Eiweiß
2 TL Maldon Sea Salt
1 TL Currypulver
½ TL Paprikapulver (edelsüß)
½ TL Pimentón de la Vera (geräuchertes Paprikapulver)
½ TL Cayennepfeffer
½ TL Zucker
300 g gemischte Nüsse und Kerne (z. B. Cashewkerne, Pinienkerne, geschälte Mandeln, Pekannüsse, Walnüsse, Macadamianüsse, Pistazien)

Für das Grillgemüse zuerst das Gemüse putzen, die Paprika mit dem Sparschäler enthäuten, bei den Tomaten nur den grünen Strunk entfernen. Zucchini und Aubergine in Scheiben, Paprika in Stücke, Schalotten in Ringe schneiden. Die Pilze halbieren.

Die Auberginenscheiben auf einen Teller mit Küchenpapier legen, etwas Salz darüberstreuen und 30 Min. ziehen lassen, sodass ausreichend Feuchtigkeit austritt. Dann trocken tupfen.

Eine Grillpfanne mit etwas Olivenöl einpinseln und das Gemüse portions- oder sortenweise hineingeben. So lange grillen, bis Röstspuren entstehen und das Gemüse weich wird, Zucchini und Paprika dürfen allerdings noch etwas bissfest bleiben.

Das Grillgemüse in eine große Schüssel geben. Den Knoblauch fein hacken und mit Zitronensaft, Honig, 2 EL Olivenöl, Salz und Pfeffer verrühren. Über dem Gemüse verteilen und gründlich mischen.

Für die Gewürznüsse den Backofen auf 160 °C vorheizen. Ein Backblech mit Backpapier auslegen. Das Eiweiß mit dem Handmixer leicht verquirlen – es sollte nicht zu Schnee geschlagen werden, aber auch nicht mehr flüssig und durchsichtig sein. Gewürze und Zucker zufügen und nochmals durchmixen. Die Nüsse in eine Schüssel geben. Das Gewürz-Eiweiß darübergießen und gründlich durchmischen, bis alle Nüsse gut überzogen sind.

Die Nüsse auf dem Backblech verteilen und ca. 20 Min. goldbraun rösten. Zwischendurch mehrfach wenden. Dann herausnehmen und abkühlen lassen. Das Grillgemüse mit den knusprigen Gewürznüssen bestreuen und sofort servieren.

Shepherd's Pie aus dem Wirtshaus „Kampfhahn"

Holmes und Watson reisen nach Nordengland, um den entführten Sohn des Herzogs von Holdernesse aufzuspüren. Sie logieren in einem urigen Wirtshaus mit dem Namen „Kampfhahn". Hier wird britische Hausmannskost serviert. Zum Lunch gibt es deshalb eine Shepherd's Pie. Wir bereiten sie vegetarisch zu: Statt Lammhack verstecken sich Pilze, Möhren und Linsen unter der Kartoffelhaube.

Zutaten

Für 8 Stück

Für die Kartoffelkruste:

800 g Kartoffeln
Maldon Sea Salt
100 g Butter
100 ml Milch
2 EL Sahne
weißer Pfeffer
frisch geriebene Muskatnuss
50 g Parmesan, gerieben

Für die Füllung:

2 Zwiebeln
2 Knoblauchzehen
250 g Champignons
4 Möhren
½ Bund Petersilie
2 EL Butter
1 EL Tomatenmark
300 g rote Linsen
500 ml Gemüsefond
Maldon Sea Salt
frisch gemahlener schwarzer Pfeffer
Paprikapulver (edelsüß)
Paprikapulver (rosenscharf)

Außerdem:

Auflaufform (20 x 30 cm)

Für die Kartoffelkruste die Kartoffeln schälen, klein schneiden und in Salzwasser ca. 20 Min. gar kochen. Abgießen und etwas ausdampfen lassen. Anschließend Butter, Milch und Sahne zufügen und mit einem Kartoffelstampfer zu einem cremigen Brei zerdrücken. Mit Salz, Pfeffer und Muskat würzen.

Für die Füllung Zwiebeln und Knoblauch schälen und würfeln. Die Champignons putzen und in dünne Scheiben schneiden. Die Möhren schälen und ebenfalls in dünne Scheiben schneiden. Die Petersilie abbrausen, trocken tupfen, die Blättchen abzupfen und grob hacken.

Den Backofen auf 180 °C vorheizen.

Eine Pfanne erhitzen und die Butter darin zerlassen. Die Zwiebeln darin glasig dünsten. Knoblauch und Möhren in die Pfanne geben und mitbraten. Das Tomatenmark zugeben und etwas karamellisieren, dann die Linsen zufügen, mit Gemüsefond ablöschen und bei niedriger Temperatur köcheln lassen, bis das Gemüse weich ist (rote Linsen benötigen keine lange Garzeit, da sie bereits geschält sind, bitte die Packungsanweisung beachten). Kurz vor dem Ende der Garzeit Champignons und Petersilie zufügen. Mit Salz und Pfeffer würzen und mit edelsüßem und scharfem Paprikapulver abschmecken.

Die Gemüsemischung in die Form geben. Die Kartoffelmasse auf dem Gemüse verteilen. Wer mag, benutzt dazu einen Spritzbeutel mit Sterntülle. Den Parmesan darüberstreuen und die Shepherd's Pie ca. 20 Min. goldbraun überbacken.

SCOTCH EGGS

Um Percy Phelps, einem Schulfreund Watsons, aus einer misslichen Lage zu helfen, die ihn seit Monaten aufs Krankenbett zwingt, stellt Holmes umfangreiche Recherchen an. Zwischendurch kehren die drei für einen schnellen Lunch im Bahnhofshotel ein. Als perfekter Snack für die Detektive in Eile eignen sich Scotch Eggs. Die in Wurstbrät und Hack verpackten und frittierten Eier munden warm wie kalt vorzüglich.

ZUTATEN

Für 4 Portionen

10 Eier
2 Bauernbratwürste (à ca. 125 g)
250 g Mett
1 TL Paprikapulver (edelsüß)
1 Prise frisch geriebene Muskatnuss
1 TL Senf
1 EL Ketchup
2 EL fein gehackte Petersilie
Maldon Sea Salt
frisch gemahlener schwarzer Pfeffer
3 EL Mehl
125 g Semmelbrösel

Außerdem:
Pflanzenöl zum Ausbacken

Einen großen Topf mit Wasser zum Kochen bringen. 8 Eier anstechen und ins kochende Wasser geben. Die Eier 6 Min. kochen, dann herausnehmen, in Eiswasser 5 Min. abkühlen lassen und anschließend vorsichtig pellen.

Die Bratwürste aus der Pelle drücken. Das Brät mit dem Mett vermischen. Paprika, Muskat, Senf und Ketchup sowie die Petersilie zur Wurstmasse geben und mit den Händen gründlich durchkneten. Mit Salz und Pfeffer kräftig abschmecken. Das Fleisch sollte eher etwas überwürzt sein, weil es durch das Braten an Würze verliert.

Aus der Fleischmasse acht gleich große Bällchen formen. Jedes Bällchen auf Frischhaltefolie legen, mit Folie abdecken und mit einem Nudelholz dünn ausrollen. Dann die Frischhaltefolie auf der Oberseite abziehen, je 1 Ei auf das Brät geben und beides in der Handinnenfläche vorsichtig zu einer gleichmäßigen Kugel formen. Mit Frischhaltefolie umwickeln und die Kugeln 30 Min. kühl stellen.

In einem Teller Mehl mit etwas Salz und Pfeffer mischen, in einem zweiten Teller die restlichen Eier verquirlen, auf einem dritten Teller die Semmelbrösel verteilen.

Die Hackbällchen von der Folie befreien und erst im Mehl, dann im Ei und schließlich in den Bröseln wälzen.

Das Öl in einem großen, hohen Topf auf ca. 170 °C erhitzen. Die Scotch Eggs hineingeben und 4–5 Min. goldgelb frittieren. Dann herausnehmen, auf Küchenpapier abtropfen lassen. Noch heiß servieren. Dazu passt ein knackiger grüner Salat.

Kabeljau im Kataifi-Teig mit Süsskartoffelpommes

11 Uhr 15 ab Paddington. Holmes und Watson nehmen den Zug nach Herefordshire, um herauszufinden, wer Charles McCarthy getötet hat. Die mehrstündige Fahrt gibt Holmes viel Zeit zum Nachdenken. Am Mittag kehren sie kurz ein – Fish and Chips sind immer eine gute Wahl.

Zutaten

Für 4 Portionen

Für die Süßkartoffelpommes:

1 kg Süßkartoffeln
6 EL Olivenöl
½ TL Chiliöl
1 EL Maldon Sea Salt
1 TL Pimentón de la Vera dulce (geräuchertes Paprikapulver)

Für den Kabeljau:

1 Pck. Kataifi-Teig (auch Engelshaar genannt)
4 Kabeljau-Loins (Rückenfilets, grätenfrei) à 200 g
Saft von 1 Zitrone
Maldon Sea Salt
frisch gemahlener schwarzer Pfeffer
1 Glas grünes Pesto (ca. 180 g)
Sonnenblumenöl

Für die Pommes die Süßkartoffeln schälen und in 1 cm breite Stifte schneiden. In eine Schüssel geben und so viel Wasser angießen, dass die Pommes bedeckt sind. Für 1 Std. einweichen. Dann das Wasser abgießen und die Pommes in einem Sieb gut abtropfen lassen.

Für den Kabeljau zuerst den Kataifi-Teig auspacken und auf ein Schneidebrett legen. Ein feuchtes Küchentuch darauflegen und die Teigfäden mind. 15 Min. stehen lassen. Die Kabeljau-Loins jeweils längs halbieren, mit Zitronensaft beträufeln, von beiden Seiten mit Salz und Pfeffer würzen und die Oberseite mit Pesto bestreichen.

Die Kataifi-Teigfäden vorsichtig auseinanderzupfen. Das gelingt am besten, wenn man die Finger mit Wasser befeuchtet. Jeweils etwa eine Handvoll der Teigfäden ausbreiten, den Kabeljau darauflegen und vorsichtig einpacken, die Teigfäden etwas andrücken. Ebenso mit allen 8 Kabeljaustücken verfahren.

Den Backofen auf 200 °C vorheizen und ein Backblech mit Backpapier auslegen. Die abgetropften Pommes in eine Schüssel geben, Oliven- und Chiliöl sowie Meersalz und Paprika darüber verteilen und gut mischen, sodass alle Pommes mit dem Würzöl überzogen sind. Auf dem Backblech verteilen und 30 Min. im vorgeheizten Ofen backen. Nach der Hälfte der Zeit wenden. Sollten die Pommes noch nicht weich sein, weitere 5–10 Min. im Ofen lassen.

Währenddessen den Fisch zubereiten. Dafür eine beschichtete Pfanne mit reichlich Öl bei mittlerer bis hoher Temperatur erhitzen. Ein paar Teigfäden probehalber in die Pfanne geben. Die Fäden sollten nicht sofort aufschäumen und Farbe nehmen, dann ist das Öl zu heiß. Die Fischpäckchen portionsweise in die Pfanne legen, sobald sie knusprig und goldgelb geworden sind, wenden. Dann herausheben und auf Küchenpapier abtropfen lassen.

Die Pommes mit dem Fisch im Kataifi-Teig servieren. Dazu passt traditionell eine Sauce tartare oder die Remouladensauce von S. 47.

ROTE-BETE-TARTE MIT ZIEGENKÄSE

Ein Unbekannter, der in London reihenweise Gipsbüsten Napoleons zerstört, hält die Polizei in Atem, die darin die Tat eines Wahnsinnigen vermutet. Holmes geht es da eher gelassen an. Er nimmt sich Zeit für einen Mittagssnack im Restaurant. Die leuchtende Rote-Bete-Tarte bringt Farbe ins Spiel und Holmes der Lösung sicher ganz schnell näher.

ZUTATEN

Für 1 Tarte

Für den Teig:

200 g Weizenmehl
plus etwas zum Ausrollen
100 g kalte Butter, in Stücken
1 Ei
1 EL eiskaltes Wasser
½ TL Maldon Sea Salt

Für den Belag:

800 g Rote Bete
4 Zwiebeln
2 EL Olivenöl
2 EL brauner Zucker
1 EL Balsamicoessig
50 ml Rotwein
1 EL Butter
1 EL Agavendicksaft
2 Eier
150 ml Sahne
frisch geriebene Muskatnuss
150 g Ziegenfrischkäse
1 EL frisch gehackter Thymian

Außerdem:

Tarteform (ø 28 cm)
Pflanzenöl zum Einfetten
Hülsenfrüchte zum Blindbacken

Alle Zutaten für den Teig gründlich miteinander mischen und zu einem festen Teig kneten. In Frischhaltefolie wickeln und 1 Std. kühl stellen.

In der Zwischenzeit den Belag vorbereiten. Dafür die Rote Bete schälen und in dünne Scheiben schneiden. Die Zwiebeln schälen und in dünne Ringe schneiden. Das Olivenöl in einer Pfanne erhitzen und die Rote Bete darin kurz anbraten, dann bei niedriger Temperatur abgedeckt weich dünsten. Dabei mehrfach wenden. Dann den Zucker zufügen und karamellisieren. Mit Balsamico und Rotwein ablöschen. Kurz einkochen lassen, die Pfanne vom Herd nehmen und abkühlen lassen.

In einer zweiten Pfanne die Butter zerlassen und die Zwiebeln darin glasig dünsten. Den Agavendicksaft einrühren und karamellisieren lassen. Dann die Zwiebeln vom Herd nehmen und abkühlen lassen. Die Eier mit der Sahne und einer großzügigen Prise Muskat verquirlen.

Den Backofen auf 180 °C vorheizen. Die Tarteform gut fetten. Den Teig auf der bemehlten Arbeitsfläche mit dem Nudelholz etwas größer als die Form ausrollen und dann in die Form legen. Überschüssige Ränder abschneiden. Den Teig mit einer Gabel mehrfach einstechen. Backpapier in Form schneiden und auf den Teig legen, die Hülsenfrüchte darauf verteilen und 15 Min. im Ofen blindbacken. Dann herausnehmen, Backpapier und Hülsenfrüchte entfernen und die Rote Bete und Zwiebeln auf der Tarte verteilen. Den Ziegenkäse als kleine Kleckse gleichmäßig auf der Tarte verteilen. Die Eiersahne vorsichtig auf die Füllung gießen. Die Tarte weitere 35 Min. in den Ofen schieben, bis der Teig durchgebacken ist. Die Tarte kurz abkühlen lassen, vorsichtig aus der Form lösen, mit dem Thymian bestreuen und lauwarm servieren.

PLOUGHMAN'S LUNCH IN KENT

In einer zwielichtigen Opiumhöhle beginnt für Holmes und Watson ein neuer Fall, der sie bis nach Kent führt, um den Ehemann der verzweifelten Kate Whitney aufzuspüren. Die Gute besinnt sich auf ihre Gastgeberpflichten und serviert den Detektiven als Imbiss einen zünftigen Ploughman's Lunch, zu dem stets Brot, Käse und Pickles gehören.

ZUTATEN

Für 2 Portionen

4 dicke Scheiben Cheddar
2 Tomaten
2 Eier, hart gekocht
4 Scheiben gekochter Schinken
4 Gewürzgurken
4 Scheiben Bauernbrot
100 g Butter

Für das Apfel-Relish:

4 Äpfel
2 Schalotten
1 kleine rote Chilischote
1 Stück Ingwer (2 cm)
100 ml Apfelsaft
1 EL Zitronensaft
1 EL Apfelessig
1 Zimtstange
½ TL gemahlene Kurkuma
Maldon Sea Salt
frisch gemahlener schwarzer Pfeffer
1 EL Honig

Für die Balsamico-Zwiebeln:

4 kleine rote Zwiebeln
1 EL Walnussöl
2 EL brauner Zucker
80 ml dunkler Balsamicoessig
1 EL Portwein
Maldon Sea Salt

Für das Relish die Äpfel schälen, vierteln, vom Kerngehäuse befreien und klein würfeln. Die Schalotten schälen und fein hacken. Die Chilischote halbieren, von den Kernen befreien und ebenfalls fein hacken. Den Ingwer schälen und fein reiben. Apfel- und Zitronensaft mit dem Apfelessig in einem Topf erhitzen, Äpfel, Schalotten, Chili, Ingwer und die Zimtstange zufügen. Zum Kochen bringen, Kurkuma zugeben und alles bei mittlerer Temperatur so lange köcheln, bis die Flüssigkeit verdampft ist. Dann die Zimtstange entfernen. Mit Salz und Pfeffer würzen und mit dem Honig süßen. In eine Schüssel umfüllen und abkühlen lassen.

Für die Balsamico-Zwiebeln die Zwiebeln schälen und in Scheiben schneiden, die einzelnen Ringe voneinander lösen. Das Öl in einer beschichteten Pfanne erhitzen und die Zwiebelringe darin glasig dünsten. Dann den Zucker zufügen und karamellisieren. Mit Balsamico und Portwein ablöschen. Mit etwas Salz würzen und die Flüssigkeit reduzieren, bis die Zwiebeln eine marmeladenartige Konsistenz haben. In eine Schüssel umfüllen und abkühlen lassen.

Zum Anrichten die Cheddarscheiben in Streifen schneiden. Die Tomaten vierteln und den Strunk entfernen. Die Eier halbieren. Alle Zutaten für den Lunch entweder auf einem großen Brett oder zwei kleineren Tellern anrichten und Zwiebeln und Relish in separaten Schälchen dazu reichen.

TIPP

Bleibt noch etwas von den Balsamico-Zwiebeln und dem Relish übrig, in saubere, zuvor heiß ausgespülte Schraubgläser füllen und kühl stellen. So halten sie sich noch einige Tage.

some-
had a GUINNESS

ROASTBEEF MIT REMOULADENSAUCE

Es ist eine mehr als delikate Angelegenheit, mit der sich Holmes und Watson befassen müssen. Der König von Böhmen möchte heiraten, fürchtet aber, dass eine frühere Geliebte ihn mit einer Fotografie erpressen will. Als er erste Erkenntnisse gewonnen hat, trifft sich Holmes mit Watson zum Lunch. Sie entscheiden sich für den Klassiker: kaltes Roastbeef, zu welchem die Remouladensauce nicht fehlen darf.

ZUTATEN

Für 4 Portionen

Für das Roastbeef:
1 kg Roastbeef
1 EL Rapsöl
Maldon Sea Salt
frisch gemahlener schwarzer Pfeffer

Für die Remouladensauce:
3 Gewürzgurken
1 EL Kapern
4 in Öl eingelegte Sardellenfilets
2 Eier, hart gekocht
3 Eigelb
1 EL Gurkenwasser
1 EL Zitronensaft
Maldon Sea Salt
Dijonsenf
250 ml Raps- oder Sonnenblumenöl von guter Qualität
2 EL Naturjoghurt
weißer Pfeffer
1 Prise Zucker
1 TL fein gehackter Kerbel
1 TL fein gehackter Estragon

Außerdem:
1 Fleischthermometer

Für das Roastbeef den Backofen auf 100 °C vorheizen. Das Fleisch (zimmerwarm – nicht direkt aus dem Kühlschrank verarbeiten) abwaschen und trocken tupfen. Falls vorhanden, von Fett und Sehnen befreien. Das Rapsöl in einem hohen Topf oder Bräter erhitzen. Das Fleisch darin von allen Seiten anbraten, es sollte eine appetitliche braune Farbe bekommen. Auf den Backofenrost legen (mittlere Schiene, darunter ein Blech zum Abtropfen einschieben) und ca. 1,5 Std. im Ofen garen. Nach dieser Zeit ein Fleischthermometer einstechen. Das Fleisch muss eine Kerntemperatur von 55 °C erreichen, dann ist es schön rosa im Inneren.

In der Zwischenzeit die Remouladensauce zubereiten. Dafür Gurken, Kapern und Sardellen fein hacken, die hart gekochten Eier pellen und in kleine Würfel schneiden. Die Eigelbe mit Gurkenwasser, Zitronensaft, etwas Salz und 1 TL Senf in ein hohes Gefäß geben und mit dem Mixstab pürieren. Dann erst tröpfchenweise, später in feinem Strahl das Öl hineingießen. So lange mixen, bis eine hellgelbe, cremige Mayonnaise entsteht. Den Joghurt unterrühren und mit Salz, Pfeffer und Zucker würzen. Gurken, Kapern, Sardellen, Eier und Kräuter zufügen und alles gründlich untermischen. Mit etwas Senf abschmecken.

Hat das Roastbeef seine Kerntemperatur erreicht, herausnehmen und 15 Min. ruhen lassen. Zum Servieren quer zur Faser in dünne Scheiben schneiden, mit Salz und Pfeffer bestreuen und die Remoulade dazu reichen.

Yorkshire Pudding

Wenn die Briten am Sonntag ihr traditionelles Roastbeef auf den Tisch bringen, dann essen sie am liebsten Yorkshire Pudding dazu. Nur äußerlich ähnelt dieser einem Brötchen oder Muffin. Er ist durchaus eine vollwertige Beilage, vor allem, wenn er sich so richtig mit Sauce oder Bratensaft vollsaugen darf. Die typische Mulde in der Mitte ist dafür unverzichtbar.

Zutaten

Für 8 Stück

200 g Mehl
Maldon Sea Salt
frisch gemahlener schwarzer Pfeffer
1 Prise frisch geriebene Muskatnuss
4 Eier
200 ml Milch

Außerdem:
Yorkshire-Pudding- oder Muffinform
Sonnenblumenöl zum Einfetten

Das Mehl mit Salz, Pfeffer und Muskat mischen. In die Mitte eine Mulde drücken, die Eier hineinschlagen und ein wenig einarbeiten. Dann die Milch portionsweise zugeben und mit einem Holzlöffel oder den Knethaken des Handrührgeräts zu einem glatten Teig verarbeiten. Diesen 15 Min. kühl stellen.

Den Backofen auf 220 °C vorheizen. Acht Mulden einer Yorkshire-Pudding- oder Muffinform gründlich mit Öl einfetten und in den Backofen stellen. Sobald das Öl heiß ist, die Mulden zu zwei Dritteln mit dem Teig befüllen. Die Puddings 20–25 Min. im Ofen goldbraun backen.

Dann heiß zum Roastbeef mit der Remouladensauce von S. 47 servieren.

Tipp

Mit 1 TL Backpulver gehen die Puddings noch mehr auf.

Gartensalat mit Putenbrust und Trauben

Den Fall um die geheimnisvolle Mieterin von Mrs. Merrilow, die sich nur vollkommen verhüllt zeigt, muss Holmes nicht aufklären. Eugenia Ronder liefert ihm ihre traurige Lebensbeichte selbst. Für willkommene Ablenkung sorgt das kalte Mittagsmahl, das Mrs. Hudson für Holmes und Watson bereitstellt.

Zutaten

Für 4 Portionen

250 g gemischte Blattsalate (Endivie, Eichblatt, Rucola, Feldsalat, Radicchio o. Ä.)
150 g helle kernlose Weintrauben
150 g blaue kernlose Weintrauben
80 g Walnüsse
4 Putenschnitzel
Maldon Sea Salt
frisch gemahlener schwarzer Pfeffer
1 EL Butterschmalz
80 g Parmesan, gehobelt

Für das Dressing:

125 g Himbeeren
4 EL Traubenkernöl
3 EL Himbeeressig
100 g Naturjoghurt
1 TL Dijonsenf
1 TL Honig
1 Prise Maldon Sea Salt

Die Salate waschen, trocken schleudern und in mundgerechte Stücke zerzupfen. Die Trauben halbieren, die Walnüsse grob hacken. Die Putenschnitzel von beiden Seiten mit Salz und Pfeffer würzen und in schmale Streifen schneiden. Das Butterschmalz in einer Pfanne zerlassen. Die Putenstreifen darin ca. 3 Min. knusprig braten. Herausnehmen und abkühlen lassen.

Für das Dressing die Himbeeren mit dem Mixstab pürieren. Wer keine Kerne im Dressing möchte, streicht das Himbeermus einfach durch ein feines Sieb. Dann mit Öl, Essig, Joghurt, Senf und Honig aufmixen. Mit Salz abschmecken.

Den Salat auf vier Teller verteilen. Putenstreifen und Trauben auf dem Salat anrichten. Mit dem Dressing beträufeln, mit Parmesan und Walnüssen bestreuen und sofort servieren.

Brunnenkressesuppe aus dem Gasthaus „Zum schwarzen Schwan"

Aus Sorge um das Wohl ihrer Klientin Violet Hunter reisen Holmes und Watson in die Grafschaft Hampshire. Die junge Gouvernante fürchtet, jemand trachtet ihr nach dem Leben, tun sich im Hause der Rucastles doch verwunderliche Dinge. Die Detektive nehmen im Gasthaus „Zum schwarzen Schwan" Quartier, wo schon ein Imbiss für sie bereitsteht. Wahrscheinlich ein sahniges Brunnenkressesüppchen, denn für dieses nahrhafte Pflänzchen ist die Region bekannt.

Zutaten

Für 4 Portionen

2 Bund Brunnenkresse
450 g Kartoffeln (mehligkochend)
2 Schalotten
2 EL Butter
800 ml Gemüsefond
200 ml Sahne
Maldon Sea Salt
frisch gemahlener schwarzer Pfeffer
frisch geriebene Muskatnuss
2–3 TL Zitronensaft
2 EL Crème fraîche
1 TL Abrieb von 1 Bio-Zitrone

Die Brunnenkresse waschen, trocken tupfen, dickere Stängel abschneiden. Einige Blättchen zum Dekorieren beiseitelegen. Wasser in einem großen Topf zum Kochen bringen, die Brunnenkresse darin 2 Min. blanchieren, dann in Eiswasser abschrecken, herausheben und abtropfen lassen.

Die Kartoffeln schälen und in kleine Würfel schneiden. Die Schalotten schälen und fein würfeln. Die Butter in einem großen Topf erhitzen und die Schalotten darin ein paar Minuten anschwitzen. Dann die Kartoffelwürfel zufügen und 600 ml Gemüsefond angießen. Die Hälfte der Sahne zufügen. Mit Salz, Pfeffer und Muskat würzen. Abgedeckt bei mittlerer Temperatur 20–25 Min. kochen, bis die Kartoffeln weich sind.

Die Brunnenkresse grob hacken, 200 ml Fond zugeben und mit dem Mixstab pürieren. Die restliche Sahne zufügen und nochmals gründlich durchmixen. Dann zur Suppe geben, gut verrühren und mit Salz, Pfeffer, Muskat und Zitronensaft abschmecken. In Suppentassen gießen, mit Crème fraîche, Zitronenabrieb und den restlichen Brunnenkresseblättchen dekorieren.

Zunge mit Madeirasauce in Baskerville Hall

Um ungestört herauszufinden, was es mit dem Fluch auf sich hat, der auf den Baskervilles zu liegen scheint, versteckt sich Holmes mit ein paar Konserven und etwas Brot in einer einsamen Hütte im Moor und beobachtet die Geschehnisse inkognito. Besser als dieses karge Mahl würde ihm sicher folgender Klassiker schmecken.

ZUTATEN

Für 4 Portionen

1 gepökelte rohe Rinderzunge
1 Zwiebel
2 Möhren
1 Stange Lauch
¼ Knollensellerie
500 ml Rinderfond
1 EL Wacholderbeeren
2 Lorbeerblätter
6 Pimentkörner
1 TL schwarze Pfefferkörner

Für die Madeirasauce:

50 g Butter
2 EL Mehl
100 ml Madeira (Likörwein)
1 TL Dijonsenf
150 ml Sahne
1 EL Schmand
Maldon Sea Salt
frisch gemahlener schwarzer Pfeffer
1 Prise Zucker
1 TL Zitronensaft
Tabasco
2 gelbe Pfirsiche

Außerdem:

8 Scheiben Brot vom Vortag
2 Knoblauchzehen
Olivenöl

Die Zunge gründlich abwaschen und in einen großen Topf legen. Das Gemüse putzen, klein schneiden und zur Zunge geben. Den Rinderfond angießen, Wacholderbeeren, Lorbeer, Piment und Pfefferkörner zufügen und zum Kochen bringen. Die Zunge ca. 2,5 Std. bei mittlerer Temperatur abgedeckt köcheln lassen. Wenn nötig, zwischendurch etwas Wasser angießen, damit die Zunge immer fast komplett mit Brühe bedeckt ist. Ist die Zunge gar bzw. weich und lässt die Haut sich gut lösen, herausheben, abtropfen lassen und kalt abschrecken. Dann sofort die Haut abziehen. Die Zunge in Alufolie wickeln und ruhen lassen.

Für die Madeirasauce die Brühe durch ein Sieb abgießen und auffangen. Die Butter in einem Topf zerlassen. Das Mehl einstreuen, durch Rühren eine Mehlschwitze herstellen und mit etwas Brühe ablöschen. Den Madeira angießen und außerdem so viel Brühe zugießen, bis die gewünschte Sämigkeit erreicht ist. Senf, Sahne und Schmand unterrühren. Mit Salz, Pfeffer, Zucker, Zitronensaft und einem Spritzer Tabasco abschmecken. Die Pfirsiche schälen, würfeln und zur Sauce geben. Die Zunge in ca. 0,5 cm dicke Scheiben schneiden und ebenfalls in die Sauce legen.

Die Brotscheiben mit Knoblauch einreiben und in etwas Olivenöl knusprig rösten. Die Zunge mit der Madeirasauce servieren und das Röstbrot dazu reichen.

Flammkuchen mit Speck und Zwiebeln

Holmes und Watson sind auf der Flucht vor Professor Moriarty, die sie durch halb Europa bis in die Schweiz führt. Unterwegs machen sie im Elsass Station. Holmes weiß nicht, dass dies die letzte ruhige Atempause für ihn sein wird, bevor sich in den sagenumrankten Reichenbachfällen sein Schicksal entscheidet, als er gemeinsam mit seinem Erzfeind in die tosenden Fluten stürzt.

Zutaten

Für 1 Backblech

Für den Teig:
250 g Mehl plus mehr zum Verarbeiten
3 EL Sonnenblumenöl
1 TL Maldon Sea Salt
1 Eigelb

Für den Belag:
2 rote Zwiebeln
150 g Bauchspeck
20 g Butter
150 g Crème fraîche
Maldon Sea Salt
frisch gemahlener schwarzer Pfeffer
1 EL getrockneter Thymian

Für den Teig das Mehl mit 2 EL Öl, Salz, Eigelb und 125 ml Wasser in eine Schüssel geben und mit den Knethaken des Handrührgerätes so lange rühren, bis sich der Teig vom Schüsselrand löst. Dann mit angefeuchteten Händen nochmals gründlich durchkneten. Den Teig zu einer Kugel formen, mit dem restlichen Öl bestreichen und abgedeckt mindestens 1 Std. kühl stellen.

Den Backofen auf 250 °C vorheizen. Ein Backblech mit Backpapier auslegen. Den Teig noch einmal gründlich durchkneten. Auf der bemehlten Arbeitsfläche sehr dünn ausrollen und auf das Backblech legen.

Für den Belag die Zwiebeln schälen und in feine Ringe schneiden. Den Bauchspeck in kleine Würfel schneiden. Die Butter in einer Pfanne erhitzen und die Zwiebeln darin leicht glasig andünsten. Die Crème fraîche kräftig mit Salz und Pfeffer würzen und auf den Flammkuchen streichen. Zwiebeln und Speckwürfel darauf verteilen. Mit Thymian bestreuen. Im vorgeheizten Ofen ca. 15 Min. backen, bis der Flammkuchen knusprig ist und die Ränder goldbraun sind.

Tipp

Mit Munsterkäse wird der Flammkuchen noch würziger – dafür nach 10 Min. Backzeit 200 g Munsterkäse, in feine Scheiben geschnitten, auf dem Flammkuchen verteilen.

Watsons Gurkensandwiches

Ein mehr als komplexer Fall erfordert Holmes' ganze Ermittlungskunst, zumal dessen Ursprünge weit über zehn Jahre zurückreichen und in Amerika ihren Anfang nahmen. Doch gerade wenn er besonders gefordert ist, blüht Sherlock auf. Weil das ständige Kombinieren Appetit macht, freut er sich auf seine Gurkensandwiches zum Tee, die Watson ahnungsvoll schon bereitgestellt hat.

Zutaten

Für 4 Portionen

8 Weizentoastscheiben
½ Salatgurke
½ Bund Dill, fein gehackt

Für die Mayonnaise:

1 Eigelb
1 EL Zitronensaft
1 TL Dijonsenf
200 ml Sonnenblumenöl
100 g Naturjoghurt
1 TL Honig
2 Eier, hart gekocht
Maldon Sea Salt
weißer Pfeffer
1 Spritzer Tabasco

Die Rinde der Toastscheiben abschneiden. Die Gurke in hauchdünne Scheiben hobeln.

Für die Mayonnaise Eigelb, Zitronensaft und Senf in einem Becher mit dem Mixstab pürieren. Dann das Öl erst tröpfchenweise, später in feinem Strahl zugießen und so lange weitermixen, bis eine helle Mayonnaise entsteht. Joghurt und Honig einrühren. Die hart gekochten Eier pellen und fein würfeln, dann unter die Mayonnaise rühren. Mit Salz und Pfeffer würzen und mit einem Spritzer Tabasco abschmecken.

4 Toastscheiben mit Mayonnaise bestreichen. Die Gurkenscheiben darauf verteilen und den Dill darüberstreuen. Die anderen 4 Toastscheiben auflegen, etwas andrücken und dann quer in zwei Hälften schneiden und servieren.

Mrs. Hudsons Shortbread

Holmes verzichtet drei Tage lang auf Nahrung. So vermittelt er selbst der guten Mrs. Hudson und seinem Freund Watson glaubhaft, er stehe auf der Schwelle des Todes. Nur so kann er den Plantagenbesitzer Culverton Smith in die Baker Street locken und ihm den Mord an seinem Neffen nachweisen. Um schnell wieder zu Kräften zu kommen, isst er den gesamten Vorrat an Shortbread Biskuits auf, den Mrs. Hudson noch im Haus hat.

Zutaten

Für ca. 30 Stück

200 g weiche Butter
100 g Zucker plus 2 EL zum Bestreuen
1 Pck. Vanillezucker
300 g Mehl plus etwas zum Verarbeiten
1 TL Backpulver
½ TL Maldon Sea Salt
Abrieb von 1 Bio-Orange
Zimt

Den Backofen auf 150 °C vorheizen.

Die Butter mit Zucker und Vanillezucker mit den Schneebesen des Handrührgeräts schaumig aufschlagen. Das Mehl mit Backpulver, Salz und Orangenabrieb mischen. Gut die Hälfte der Mehlmischung unter die Buttermasse rühren. Dann das restliche Mehl mit der Hand unterkneten. Den Teig 1 Std. kühl stellen.

Anschließend auf die bemehlte Arbeitsfläche geben und ca. 1,5 cm dick ausrollen. In Rechtecke von 6 x 2 cm schneiden und auf ein mit Backpapier belegtes Blech legen. Die Oberfläche mit einem Schaschlik-Spieß mehrfach einstechen.

Die Teigrechtecke im vorgeheizten Ofen ca. 20 Min. backen. Das Shortbread sollte hell bleiben und auf keinen Fall zu braun werden. 2 EL Zucker mit etwas Zimt mischen. Das Shortbread nach Belieben noch warm im Zimtzucker wälzen. Bis zum Verzehr in einer Keksdose lagern.

Tipp

Da der Teig sehr bröselig ist, kann man sich die Arbeit auch erleichtern und eine dicke Rolle formen, von der man Taler abschneidet und diese dann als runden Keks backt. Alternativ indem man den Teig auf das Backblech gibt, dort ausrollt und zunächst die Streifen vorschneidet und erst nach dem Backen vorsichtig ganz durchschneidet.

THE

Victoria Sponge Cupcakes

Was als scheinbare Eheprobleme von Holmes' neuem Nachbarn Grant Munro beginnt, wächst sich zu einem spannenden Fall aus, dessen Lösung natürlich nicht sofort auf der Hand liegt. Deshalb braucht es etwas Zeit, bis Holmes alle Informationen beisammenhat. Da kommen diese hübschen Cupcakes zum Tee gerade recht.

Zutaten

Für 12 Stück

125 g weiche Butter
100 g Zucker
1 Pck. Vanillezucker
2 Eier
200 g Mehl
2 TL Backpulver
1 Prise Maldon Sea Salt
75 ml Milch
150 ml Sahne
100 g Himbeerkonfitüre ohne Kerne

Für das Frosting:

200 g Frischkäse
125 g weiche Butter
75 g Puderzucker
2 EL Himbeerkonfitüre ohne Kerne
12 Himbeeren

Außerdem:

12 Muffinpapierförmchen

Den Backofen auf 180 °C vorheizen.

Für die Cupcakes Butter, Zucker und Vanillezucker mit den Schneebesen des Handrührgeräts schaumig aufschlagen. Die Eier nacheinander unterrühren. Das Mehl mit Backpulver und Salz mischen und über die Butter-Ei-Masse sieben. Gründlich verrühren. Zum Schluss die Milch einarbeiten.

Den Teig gleichmäßig in den Muffinpapierförmchen verteilen und 20–25 Min. im vorgeheizten Ofen backen. Bleibt an einem hineingesteckten Holzstäbchen kein Teig mehr haften, die Muffins herausnehmen, etwas abkühlen lassen und jeden quer halbieren.

Die Sahne steif schlagen und in einen Spritzbeutel füllen. Auf die unteren Muffinhälften jeweils fünf Tupfen am Rand und einen Tupfen in der Mitte aufspritzen. Dazwischen mit einem Teelöffel kleine Konfitürenkleckse setzen. Die oberen Muffinhälften aufsetzen und leicht andrücken. Die Muffins kühl stellen.

Für das Frosting den Frischkäse in einem Haarsieb abtropfen lassen, er sollte möglichst trocken sein. Dann mit Butter und Puderzucker sowie der Konfitüre verrühren, bis eine weiche Creme entstanden ist. In einen Spritzbeutel füllen und kleine Tupfen oben auf die Muffins spritzen. Zum Schluss noch je 1 Himbeere mittig auf jeden Cupcake setzen.

Tipp

Da die Cupcakes gefüllt sind, nicht in Papierförmchen setzen, sondern auf einer Kuchenplatte mit Fuß oder einer Etagere anrichten.

ORANGENKUCHEN FÜR JOHN OPENSHAW

Stets waren es fünf getrocknete Apfelsinenkerne in einem Umschlag, die Onkel und Vater von John Openshaw den Tod brachten. Nun hat auch er einen Brief erhalten und leider kann Holmes ihn nicht vor seinem Schicksal bewahren. Wir entscheiden uns für kernlose Orangen und zaubern daraus einen bittersüßen, saftigen Kuchen, der jede Teestunde auch optisch zu einem Genusserlebnis macht.

ZUTATEN

Für 1 Kuchen

2 Bio-Orangen
2 Bio-Blutorangen
200 g Rohrohrzucker
80 ml Orangensaft
(alternativ: 4 Bio-Orangen)
150 g Mehl
1 TL Backpulver
150 g weiche Butter
1 Pck. Vanillezucker
3 Eier

Außerdem:

1 Tortenboden- oder Tarteform (ø 26 cm)
2 EL Bitterorangenmarmelade
1 EL Cointreau

Die Schale von 1 Orange abreiben und beiseitestellen. Alle Orangen und Blutorangen mit einem scharfen Messer abschälen, sodass die weiße Haut vollständig entfernt ist. Dann das Fruchtfleisch quer in ca. 1 cm dicke Scheiben schneiden; evtl. Kerne entfernen. 50 g Zucker in einem Topf hellbraun karamellisieren, mit dem Orangensaft ablöschen und ca. 2 Min. unter Rühren köcheln lassen, bis ein Sirup entstanden ist.

Den Sirup in eine Tortenboden- oder Tarteform gießen, darauf achten, dass der Boden gleichmäßig überzogen ist, und abkühlen lassen. Dann die Orangen- und Blutorangenscheiben abwechselnd eng, aber nicht überlappend, auf dem Boden der Form verteilen.

Den Backofen auf 180 °C vorheizen.

Das Mehl mit Backpulver mischen. Butter, den restlichen Zucker sowie den Vanillezucker mit den Schneebesen des Handrührgerätes 3 Min. aufschlagen. Orangenabrieb und Eier nacheinander unterschlagen, bis die Masse schaumig ist. Die Mehl-Backpulver-Mischung darübersieben und so lange rühren, bis ein glatter Teig entstanden ist.

Den Teig gleichmäßig auf den Orangenscheiben verteilen und glatt streichen. Im vorgeheizten Ofen 25–30 Min. backen. Dann herausnehmen, 15 Min. abkühlen lassen und auf eine Kuchenplatte stürzen.

Die Marmelade mit dem Cointreau in einem Topf erhitzen. Sobald sie flüssig geworden ist, vom Herd nehmen und den Kuchen damit bepinseln.

Scottish Baps mit Cheddar und Zwiebelchutney

Wer hat sich an dem wertvollen Beryll-Diadem zu schaffen gemacht, welches der Bankier Holder als Pfand für ein Darlehen erhielt? Ist sein spielsüchtiger Sohn Arthur wirklich der Täter? Holmes schlüpft in die Rolle eines Trödlers, um das herauszufinden, und freut sich sicher über eine kleine Wegzehrung.

Zutaten

Für 12 Stück

Für die Baps:

450 g Weizenmehl (Type 550) plus etwas zum Verarbeiten
1 Pck. Trockenhefe (7 g)
1 TL Zucker
250 ml lauwarme Milch
2 TL Maldon Sea Salt
50 g Butter, zerlassen
24 Scheiben Cheddar

Für das Zwiebelchutney:

500 g rote Zwiebeln
1 Stück Ingwer (1 cm)
2 EL Olivenöl
100 g brauner Zucker
1 EL Honig
2 EL Himbeeressig
100 ml Portwein
1 Lorbeerblatt
1 TL Pimentkörner
1 Prise Zimt
½ TL Chiliflocken
1 TL Maldon Sea Salt

Für die Baps in einer Schüssel 50 g Mehl mit Hefe und Zucker mischen. Die lauwarme Milch angießen und so lange mit dem Schneebesen rühren, bis sich Zucker und Mehl aufgelöst haben. Abgedeckt an einem warmen Ort 15 Min. gehen lassen, bis sich kleine Bläschen bilden und der Teig schon beginnt, aufzugehen.

Das restliche Mehl mit dem Salz in eine Schüssel sieben. In die Mitte eine Mulde drücken und die zerlassene Butter hineingießen. Den Hefeteig zufügen und vom Rand her das Mehl mit einem Spatel einarbeiten, sodass ein weicher Teig entsteht. Diesen auf die gut bemehlte Arbeitsfläche geben und mit ebenfalls bemehlten Händen mehrere Minuten zu einem glatten Teig kneten. Zu einer Kugel formen, zurück in die Schüssel legen und mit Frischhaltefolie abgedeckt an einem warmen Ort mind. 1 Std. gehen lassen.

Für das Chutney die Zwiebeln schälen, halbieren und in feine Scheiben schneiden. Den Ingwer schälen und sehr fein hacken. Das Olivenöl in einem Topf erhitzen. Die Zwiebeln darin glasig dünsten. Zucker und Honig zugeben und karamellisieren. Mit Himbeeressig und Portwein ablöschen. Die Gewürze zufügen und abgedeckt bei niedriger Hitze ca. 20 Min. köcheln. Regelmäßig umrühren. Sobald die Zwiebeln eine marmeladenartige Konsistenz angenommen haben, vom Herd nehmen und abkühlen lassen.

Den Backofen auf 200 °C vorheizen. Ein Backblech mit etwas Mehl bestäuben. Den Teig noch einmal 2 Min. gut durchkneten, in zwölf Portionen aufteilen, jede Portion auf der bemehlten Arbeitsfläche kurz kneten und zu einem runden Teigstück formen. Auf das Backblech legen, mit Mehl bestäuben und nochmals abgedeckt 15 Min. an einem warmen Ort gehen lassen. Mit dem Zeigefinger in jedes Teigstück ein Loch bohren. Im vorgeheizten Ofen 20–25 Min. goldgelb backen, darauf achten, dass sie nicht zu dunkel werden. Herausnehmen, kurz abkühlen lassen und halbieren. Jede Hälfte mit einer Scheibe Cheddar belegen und mit dem Chutney servieren.

Welsh Cakes

Nach einer Erkrankung will sich Holmes eine kleine Auszeit gönnen. So reist er mit Watson nach Surrey, wo sie im Landhaus von dessen altem Freund Oberst Hayter Quartier nehmen. Zum Tee gibt es Welsh Cakes, mit Rosinen und Gewürzen verfeinerte kleine Küchlein, die traditionell direkt auf der heißen Ofenplatte gebacken werden. Sie liefern Holmes neue Energie, denn natürlich lässt der nächste Fall nicht lange auf sich warten.

Zutaten

Für ca. 25 Stück

270 g Weizenmehl plus etwas zum Verarbeiten
1 TL Backpulver
1 Prise Maldon Sea Salt
1 Msp. Lebkuchengewürz
1 Msp. Zimt
1 Msp. frisch geriebene Muskatnuss
100 g Butter plus etwas zum Ausbacken
80 g Puderzucker plus etwas zum Bestäuben
1 Pck. Vanillezucker
50 g Rosinen
½ TL Bio-Zitronenabrieb
1 Ei
etwas Milch

Das Mehl mit Backpulver, Salz und Gewürzen mischen. Die Butter zügig mit den Fingern unterkneten und anschließend Puderzucker, Vanillezucker, Rosinen sowie Zitronenabrieb einarbeiten. Das Ei und ein wenig Milch zugeben und zunächst mit den Knethaken des Handrührgeräts, dann auf der bemehlten Arbeitsfläche mit den Händen zu einem glatten Teig verarbeiten.

Den Teig ca. 5 mm dick ausrollen. Mit einem runden Ausstecher (ø 7 cm) oder Glas Kreise ausstechen. Eine Grillplatte oder Eisenpfanne (eine normale Pfanne geht aber auch) mit Butter bestreichen und erhitzen. Die Welsh Cakes darin auf jeder Seite 2 Min. backen. Dann auf einer Platte anrichten und mit Puderzucker bestreuen.

Die Welsh Cakes passen hervorragend zum English Cream Tea, dem Afternoon Tea, den die Briten gerne als Imbiss zelebrieren. Obligatorisch wird der Tee mit Milch serviert. Gerne werden dazu auch Scones mit Clotted Cream (siehe S. 60) und Erdbeermarmelade gereicht.

Tipp

Traditionell werden die Welsh Cakes mit der typisch englischen Gewürzmischung „Mixed Spice“ verfeinert. Da diese in Deutschland aber schwer zu bekommen ist, kann man auch einfach unsere weihnachtlichen Gewürze verwenden.

Zitronen-Lavendel-Cheesecake

An einem Sommerabend sitzen Holmes und Watson beim Tee und plaudern. Zum ersten Mal erzählt der große Detektiv von seinem Bruder Mycroft, den er, sonst sehr überzeugt von seiner eigenen Genialität, als noch begabter im Beobachten und Schlussfolgern bezeichnet, als er selbst es sei. Wir reichen den beiden einen erfrischenden Cheesecake mit feinen Zitronen- und Lavendelnoten, denn dieser seltene Zug von Bescheidenheit muss gewürdigt werden.

Zutaten

Für 1 Kuchen

5 EL Lavendelblüten (aus dem eigenen Garten oder in Bio-Qualität) plus mehr zum Dekorieren
150 g Zucker plus 1 EL
80 g Schmand
200 g Vollkornbutterkekse
120 g Butter
2 Bio-Zitronen
1 Bio-Limette
800 g Doppelrahmfrischkäse
Mark von 1 Vanilleschote
2 EL Mehl
6 Eier
2 Eigelb

Außerdem:

Springform (ø 26 cm)
Puderzucker zum Bestäuben

Die Lavendelblüten mit 1 EL Zucker in einem Multizerkleinerer fein hacken. Den Schmand gründlich mit dem Lavendelzucker verrühren und in einem kleinen Topf leicht erwärmen. Dann in eine Schüssel füllen und 1 Std. ziehen lassen.

Den Backofen auf 175 °C vorheizen.

Die Kekse in einen Gefrierbeutel geben und mit dem Nudelholz zu feinen Bröseln zerreiben. Die Butter in einem Topf schmelzen und die Brösel zugeben. Vom Herd nehmen und zu einer festen Masse verrühren.

Die Form mit Backpapier auslegen und den Keksteig gleichmäßig darauf verteilen und mit einem Löffel glatt drücken; 15 Min. kühl stellen.

Zitronen und Limette heiß abwaschen, trocken tupfen und die Schale abreiben, dann auspressen. Den Frischkäse mit Saft und Abrieb, Zucker und Vanillemark verrühren. Zuerst das Mehl, dann die Eier und schließlich die Eigelbe nacheinander mit den Schneebesen des Handrührgeräts unterschlagen. Zum Schluss vorsichtig den Lavendelschmand unterziehen.

Die Frischkäsemasse gleichmäßig auf dem Keksboden verteilen, etwas an der Form rütteln, sodass sich die Masse gleichmäßig verteilt, und den Kuchen 1 Std. im vorgeheizten Ofen backen. Sobald der Kuchen Farbe annimmt, mit Alufolie abdecken. Den Kuchen vollständig erkalten lassen, bevor man ihn aus der Form löst. Mit Puderzucker bestäuben und mit etwas Lavendel dekorieren. Vor dem Servieren mind. 2 Std. kalt stellen.

Quarktaschen mit Beeren-Brandy-Creme

Ob ein Glas Brandy den aufgeregten Scott Eccles tatsächlich beruhigen kann? Er hat im Haus eines flüchtigen Bekannten übernachtet und wird nun verdächtigt, den Hausherrn ermordet zu haben. Die Polizei ist bereits in der Baker Street, um ihn festzunehmen. Um die erhitzten Gemüter zu beruhigen, servieren wir zum Tee lockere Quarktaschen mit einer beerigen Füllung, in welcher der Brandy noch besser zur Geltung kommt.

Zutaten

Für 8 Stück

250 g Weizenmehl plus etwas zum Verarbeiten
2 TL Backpulver
50 g Zucker
1 Pck. Vanillezucker
150 g Magerquark
60 ml Sonnenblumenöl
80 ml Milch plus 1 EL zum Bestreichen
1 Eigelb

Für die Füllung:

150 g gemischte Beeren (Brombeeren, Himbeeren, Johannisbeeren etc.)
50 ml Brandy
50 g Zucker
Mark von 1 Vanilleschote
125 g Magerquark
1 EL Sahne

Außerdem:

Puderzucker zum Bestreuen

Den Backofen auf 180 °C vorheizen. Ein Backblech mit Backpapier auslegen.

In einer Schüssel das Mehl mit Backpulver, Zucker und Vanillezucker mischen. Quark, Öl und Milch zufügen und mit den Knethaken des Handrührgerätes zu einem fluffigen Teig verarbeiten.

Für die Füllung die Beeren mit Brandy, Zucker und Vanillemark mischen. 15 Min. ziehen lassen. Den Quark mit der Sahne verrühren. Dann die Beeren unter den Quark heben.

Den Teig in acht Portionen teilen – dabei ein wenig Teig für die Verzierung zur Seite legen – und jede Portion auf der bemehlten Arbeitsfläche zu einem Rechteck ausrollen. In die Mitte die Füllung geben und anschließend alle vier Ecken nach innen zu einem kleinen Päckchen umschlagen. Den übrigen Teig ausrollen und kleine Motive ausstechen, z. B. Blüten oder Herzen.

Das Eigelb mit 1 EL Milch verquirlen und die Teigpäckchen damit bestreichen. Die Teigblüten oder -herzen mittig auflegen und ebenfalls bestreichen. Auf das Backblech legen und im vorgeheizten Ofen ca. 18 Min. backen. Nach Belieben mit Puderzucker bestreuen.

Schoko-Kekse für die Baker-Street-Spezialeinheit

Holmes treueste Helfer sind die Gassenjungen der Baker Street. Sie sind unauffällige Kundschafter, haben ihre Augen und Ohren überall und stehen ihm, dem großen Meisterdetektiv, in so manchem Fall hilfreich zur Seite. Der Lohn sind sein Dank und ein paar Schillinge. Mrs. Hudson ist immer ein wenig besorgt, dass die Jungs nicht genug zu essen bekommen. Und so gibt sie ihnen noch eine ganze Menge ihrer super schokoladigen Cookies mit auf den Weg.

Zutaten

Für ca. 20 Stück

300 g Mehl
2 TL Backpulver
4 TL Kakaopulver
100 g Vollmilchschokolade
100 g weiße Schokolade
100 g Zartbitterschokolade
250 g weiche Butter
150 g Rohrohrzucker
Mark von 1 Vanilleschote
2 Eier
50 g Schokotröpfchen

Den Backofen auf 180 °C vorheizen. Ein bis zwei Backbleche mit Backpapier auslegen.

Das Mehl mit Backpulver und Kakao mischen. Die Schokolade grob hacken. Butter, Zucker und Vanillemark mit den Schneebesen des Handrührgeräts mischen. Dann die Eier mit dem Schneebesen nacheinander unterschlagen. Die Mehlmischung unterrühren. Zwei Drittel der Schokolade unter den Teig ziehen.

Der Teig ist recht zäh. Daher zum Portionieren am besten einen Eisportionierer oder zwei Teelöffel verwenden und gleich große Teigkleckse mit reichlich Platz rundum (die Cookies laufen beim Backen auseinander) auf das Blech setzen und etwas flach drücken. Die restliche Schokolade sowie die Schokotröpfchen auf den Teigklecksen verteilen.

Die Kekse ca. 12 Min. im vorgeheizten Ofen backen und auf dem Blech auskühlen lassen.

Sherlock Holmes

DINNER

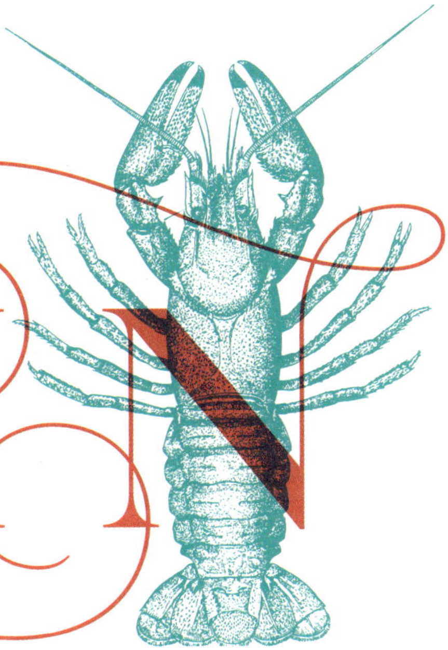

Silberstrahl * Die verschwundene Braut
Die gestohlenen Unterseebootszeichnungen
Shoscombe Old Place * Die Geschichte des blauen
Karfunkels * Der illustre Klient * Der vermisste
Fussballspieler * Der Mord in Abbey Grange
Die drei Studenten * Der Mazarin-Stein
Im Zeichen der Vier

ORIENTALISCHES KÜRBISRAGOUT

Um den vermeintlichen Mord an einem Pferdetrainer aufzuklären, reisen Holmes und Watson nach Dartmoor. Auch das kostbare Rennpferd Silberstrahl ist verschwunden. Möglich war dies alles nur, weil ein Unbekannter den wachsamen Stallburschen mit einem mit Opium versehenen Hammelragout betäubte. Dieses orientalische Kürbisragout verzichtet auf Rauschmittel, schmeckt aber trotzdem wunderbar und ist garantiert bekömmlich.

ZUTATEN

Für 4 Portionen

1 kg Hokkaido-Kürbis
3 Tomaten
2 Zwiebeln
2 Knoblauchzehen
100 g Datteln
1 Bund glatte Petersilie
4 EL Olivenöl
1 EL Tomatenmark
250 ml Gemüsefond
Maldon Sea Salt
frisch gemahlener schwarzer Pfeffer
½–1 TL Harissa
½ TL Zimt
Naturjoghurt

Den Kürbis, wenn nötig, entkernen und in ca. 2 x 2 cm große Stücke schneiden. Die Tomaten kreuzweise einritzen und mit heißem Wasser überbrühen. Kurz stehen lassen und die Haut abziehen. Den Strunk entfernen, vierteln und in kleine Würfel schneiden. Zwiebeln und Knoblauch schälen. Die Zwiebeln würfeln, den Knoblauch fein hacken. Die Datteln halbieren, entsteinen und klein schneiden. Die Petersilie waschen, trocken tupfen, die Blättchen abzupfen und grob hacken.

Das Olivenöl in einer großen Pfanne erhitzen. Das Tomatenmark darin anschwitzen und leicht karamellisieren. Kürbis, Zwiebeln und Knoblauch zufügen, einige Minuten braten und ein wenig Farbe nehmen lassen. Dann mit dem Gemüsefond ablöschen. Tomaten und Datteln zufügen. Mit Salz und Pfeffer würzen, Harissa (die Menge bestimmt den Schärfegrad) und Zimt zufügen und bei niedriger Temperatur abgedeckt 10–15 Min. köcheln lassen.

Sobald der Kürbis weich, aber noch bissfest ist, das Ragout in eine große Schüssel füllen, die Petersilie darüberstreuen und sofort servieren. Nach Belieben – und Schärfegrad – einen Klecks Naturjoghurt daraufgeben.

EINE KISTE VOLLER DELIKATESSEN

Auch wenn es nicht oft vorkommt, so sorgt Holmes doch ab und an rührend für seinen Freund. Eines Abends wird Watson mit einer ganzen Kiste voller edler Leckereien – von alten Weinen über Fasan und Rebhuhn bis hin zur Gänseleberpastete – überrascht. Wir finden, unser alltagstauglicher Hähnchen-Avocado-Salat mit einem fruchtigen Orangen-Dressing kann sich durchaus auch sehen lassen.

ZUTATEN

Für 2 Portionen

2 Bio-Hähnchenbrustfilets
3 EL Olivenöl
1 TL Maldon Sea Salt
½ TL frisch gemahlener schwarzer Pfeffer
1 TL Paprikapulver (edelsüß)
1 TL Currypulver
½ TL gemahlenes Zitronengras
frisch gemahlener schwarzer Pfeffer
2 Römersalatherzen
2 Avocados
Saft von ½ Zitrone
1 Mango
2 EL weiße Sesamsamen

Für das Dressing:

3 EL Orangensaft
1 EL Zitronensaft
1 EL Weißweinessig
1 TL Dijonsenf
1 TL Honig
Maldon Sea Salt
frisch gemahlener schwarzer Pfeffer
4 EL Rapsöl

Die Hähnchenbrustfilets waschen, trocken tupfen, von Fett und Sehnen befreien und in mundgerechte Stücke schneiden. Das Öl mit Salz und Gewürzen verrühren und über die Hähnchenstücke geben. Gründlich mischen, sodass alle Teile mit dem Würzöl überzogen sind. Abdecken und mindestens 30 Min. kühl stellen.

Den Salat in grobe Stücke zupfen. Die Avocados halbieren, Stein und Schale entfernen und das Fruchtfleisch in Spalten schneiden. Mit Zitronensaft beträufeln. Die Mango ebenfalls schälen, dann das Fleisch vom Stein schneiden und würfeln.

Für das Dressing den Orangensaft mit Zitronensaft und Essig mischen. Senf und Honig zufügen und mit Salz und Pfeffer würzen. Dann das Öl unterschlagen.

Eine Pfanne erhitzen und die Hähnchenstücke mit dem Würzöl darin 5 Min. knusprig anbraten. In eine Schüssel geben, mit dem Sesam bestreuen und gut durchmischen, sodass das Fleisch gleichmäßig damit überzogen ist.

Den Salat in zwei Schüsseln anrichten. Avocados, Mango sowie die Hähnchenstücke darauf verteilen. Mit dem Dressing beträufeln und servieren.

GOLDINOS HUMMERKRABBEN-SUPPE

Sherlock Holmes ist in Feierlaune. Er lässt Watson die Nachricht zukommen, dass er sich bei ihrem Lieblingsitaliener „Goldino“ einfinden soll. Verheißungsvoll kündigt er an: „Es gibt Hummer.“ Allerdings soll Watson auch Revolver, Laterne, Schraubenzieher und Stemmeisen mitbringen. Er ließe sich sicher auch mit einer feinen Krabbensuppe, dafür aber ohne weitere Utensilien, von der Abendgestaltung überzeugen.

ZUTATEN

Für 4 Portionen

12 Hummerkrabben bzw. Riesengarnelen
1 Zwiebel
2 Stangen Lauch
2 Stängel Zitronengras
30 g Butter
40 g Mehl
1 l Gemüsefond
Maldon Sea Salt
frisch gemahlener schwarzer Pfeffer
1 Prise frisch geriebene Muskatnuss
1 Prise Zucker
½ TL Currypulver
1 TL Zitronensaft
125 ml Sahne
1 Eigelb

Die Hummerkrabben schälen und den Darm entfernen. Unter kaltem Wasser abspülen und kühl stellen.

Die Zwiebel schälen und fein würfeln. Den Lauch putzen, den weißen vorderen Teil abschneiden und in sehr feine Ringe schneiden, die grünen Blätter können anderweitig verwendet werden. Das hintere Drittel der Zitronengrasstängel abschneiden, dann die Stängel halbieren und ein wenig flach klopfen.

Die Butter in einem großen Topf zerlassen. Zwiebel und Lauch darin anschwitzen, dann das Mehl einrühren und unter Rühren mit anschwitzen. Es darf aber keine Farbe nehmen, damit die Suppe schön hell bleibt. Anschließend mit dem kalten Gemüsefond ablöschen. Mit Salz und Pfeffer würzen. Zitronengras, Muskat, Zucker und Curry sowie den Zitronensaft zufügen und 15 Min. bei mittlerer Temperatur köcheln lassen.

Die Suppe durch ein Sieb passieren und mit dem Mixstab schaumig pürieren. Die Hummerkrabben in die Suppe geben und bei niedriger Temperatur 3 Min. gar ziehen lassen; sie sollten innen noch leicht glasig sein. Den Topf vom Herd nehmen. Die Sahne mit dem Eigelb verquirlen, ganz langsam in die Suppe einrühren und einmal aufkochen lassen. Die Suppe in tiefe Teller geben und heiß servieren. Nach Belieben mit einem Spritzer Sahne und frischen Kräutern garnieren.

FORELLE AUS DEM MÜHLENBACH

Als Holmes erfährt, dass sein neuer Fall ihn nach Berkshire führt, wo es gute Fischgründe gibt, packt er gleich seine Angelausrüstung ein. Im Mühlenbach sollen sich die Fische nur so tummeln. Tatsächlich gehen den Detektiven prächtige Forellen ins Netz, die am gleichen Abend noch auf dem Tisch landen – umhüllt vom aromatischen Speck des edlen Berkshire-Schweins und begleitet von farbenfrohem Cole Slaw.

ZUTATEN

Für 4 Portionen

Für die Forellen:

4 frische Forellen, küchenfertig ausgenommen
Maldon Sea Salt
frisch gemahlener schwarzer Pfeffer
Saft von 1 Zitrone
4 Knoblauchzehen
4 Zweige Rosmarin
4 Zweige Thymian
4 Stängel Oregano
8 Salbeiblättchen
16 Scheiben Schweinespeck
Olivenöl

Für den Cole Slaw:

¼ Weißkohl
¼ Rotkohl
3 Möhren
200 g Naturjoghurt
1 EL Zitronensaft
1 EL Orangensaft
1 EL Senf
Maldon Sea Salt
frisch gemahlener schwarzer Pfeffer
1 EL Zucker plus ggf. etwas mehr
1 Prise frisch geriebene Muskatnuss

Für den Cole Slaw die äußeren Blätter des Weiß- und Rotkohls entfernen und den dicken Strunk herausschneiden. Beide Kohlsorten auf einem Hobel in dünne Streifen hobeln. Die Möhren schälen und grob reiben. Weißkohl, Rotkohl und Möhren in einer großen Schüssel vermischen.

Den Joghurt mit Zitronen- und Orangensaft sowie Senf verrühren. Mit Salz und Pfeffer würzen und mit Zucker und Muskat abschmecken. Das Dressing über den Salat geben und gründlich vermengen. Dann 1 Std. abgedeckt kühl stellen. Vor dem Servieren auf Zimmertemperatur bringen und nochmals mit Salz, Pfeffer und etwas Zucker abschmecken.

Die Forellen gründlich waschen und trocken tupfen. Von außen und innen mit Salz und Pfeffer würzen und mit Zitronensaft beträufeln. Die Haut mit einem scharfen Messer drei- bis viermal leicht einschneiden. Den Knoblauch schälen und in Scheiben schneiden. Die Kräuter abbrausen und trocken tupfen. Nun jede Forelle zu gleichen Teilen mit Knoblauch und Kräutern füllen und mit 4 Scheiben Speck umwickeln.

Das Olivenöl in zwei großen Pfannen erhitzen und die Forellen darin bei mittlerer Temperatur von beiden Seiten je nach Größe 10–12 Min. knusprig braten. Vorsichtig wenden.

Die Forellen im Ganzen mitsamt ihrem köstlichen Speckmantel servieren und den bunten Cole Slaw dazu reichen. Nach Belieben mit Petersilie garnieren.

Gänsekeule mit geheimer Füllung

Was für eine Bescherung: Da steckt doch tatsächlich ein blauer Edelstein in der Weihnachtsgans. Für Holmes ist diese Entdeckung wie ein nachträgliches Geschenk zum Fest. Hat er so doch gleich etwas zu tun an den sonst derart ereignislosen Feiertagen. Wir mögen Überraschungen auch, füllen aber lieber Rosinen und Nüsse in die Gänsekeule.

Zutaten

Für 4 Portionen

4 Bio-Gänsekeulen
50 g Rosinen
2 EL Portwein
50 g Walnüsse
1 EL frisch gehackter Majoran
200 g Suppengemüse (Möhre, Sellerie, Lauch)
2 Zwiebeln
2 EL Honig-Senf
Maldon Sea Salt
frisch gemahlener schwarzer Pfeffer
2 EL Butterschmalz
1 EL Tomatenmark
400 ml Geflügelfond
250 ml Rotwein
2 EL Crème fraîche

Außerdem:

Küchengarn

Den Backofen auf 180 °C vorheizen.

Die Gänsekeulen heiß abwaschen und trocken tupfen. Dann mit einem scharfen Messer vorsichtig Knochen und Sehnen auslösen. Das erfordert etwas Geschick. Sie können auch Ihren Metzger oder Geflügelhändler fragen, ob er das für Sie erledigt.

Für die Füllung die Rosinen im Portwein einlegen und 15 Min. ziehen lassen. Die Walnüsse in einer Pfanne ohne Fett anrösten, dann hacken. Die Rosinen in einem Sieb abtropfen lassen und mit Walnüssen und Majoran mischen.

Das Suppengemüse putzen und klein schneiden, die Zwiebeln schälen und grob hacken. Die ausgelösten Gänsekeulen aufklappen, mit dem Senf bestreichen, mit Salz und Pfeffer würzen. Die Füllung gleichmäßig auf den 4 Keulen verteilen. Dann das Fleisch wieder zusammenklappen oder -rollen und mit Küchengarn fixieren.

Das Butterschmalz in einem großen Bräter erhitzen. Die Gänsekeulen darin von allen Seiten anbraten. Dann herausnehmen und beiseitestellen. Das Suppengemüse in den Bräter geben und anrösten. Das Tomatenmark zufügen und karamellisieren. Dann mit Geflügelfond und Rotwein ablöschen. Kurz aufkochen lassen und die Gänsekeulen wieder in den Bräter legen. Den Deckel auflegen und 2 Std., 30 Min. im Backofen schmoren. Wenn das Fleisch beim Einstechen weich ist, die Keulen herausheben, auf den Gitterrost legen (darunter ein Blech schieben), die Temperatur auf 220 °C erhöhen und die Gänsekeulen weitere 15 Min. knusprig braten.

Den Bratenfond mit dem Mixstab pürieren, mit Salz und Pfeffer abschmecken und mit Crème fraîche binden. Die Gänsekeulen mit der Sauce anrichten. Dazu passen Kartoffelknödel und Rotkraut oder auch Bandnudeln.

LONDON
INNERE STADT.

Beef Wellington

Die „Strand" genannte berühmte Straße Londons verläuft vom Trafalgar Square bis zur Fleet Street und führte ursprünglich direkt am Themseufer entlang. Hier finden sich bedeutende Gebäude wie das King's College oder die Royal Courts of Justice … und das Lieblingsrestaurant von Holmes und Watson, wo man sie häufig antrifft. Einer der beiden bestellt sich dabei gerne mal ein klassisches Beef Wellington. Immer eine gute Wahl!

Zutaten

Für 6 Portionen

2 Schalotten
400 g gemischte Pilze (z. B. Champignons, Steinpilze, Pfifferlinge)
750 g Rinderfilet
1 EL frisch gemahlener schwarzer Pfeffer
2 EL Olivenöl
75 g Butter
100 ml Weißwein
2 EL Sahne
1 TL Maldon Sea Salt
1 EL Senf
1 EL fein gehackte Petersilie
1 EL fein gehackter Majoran
1 EL fein gehackter Thymian
150 g Schinkenspeck, dünn aufgeschnitten
400 g Blätterteig (aus dem Kühlregal)

Außerdem:

Mehl für die Arbeitsfläche
1 Eigelb, leicht verquirlt

Die Schalotten schälen und fein würfeln. Die Pilze putzen und ebenfalls würfeln. Das Rinderfilet rundherum mit Pfeffer würzen. Das Olivenöl in einer großen Pfanne erhitzen und das Fleisch von allen Seiten ca. 5 Min. anbraten. Herausheben und auf einem Teller beiseitestellen.

Die Butter in derselben Pfanne zerlassen und die Schalotten darin glasig andünsten. Die Pilze zufügen und 5 Min. bei mittlerer Temperatur anbraten. Dann Weißwein und Sahne angießen, mit Salz und Senf würzen und die Kräuter zugeben. So lange schmoren lassen, bis die Flüssigkeit verdampft ist. Die Pilze in eine Schüssel umfüllen und abkühlen lassen. Anschließend in einem Mixer fein pürieren.

Die Arbeitsplatte mit Frischhaltefolie auslegen. Die Hälfte der Speckscheiben nebeneinander auflegen und die Hälfte der Pilzfarce gleichmäßig darauf verteilen. Das Rinderfilet sowie die restliche Pilzfarce darauflegen, dann mit den übrigen Speckscheiben abdecken und mithilfe der Folie zu einem festen Paket wickeln. Dieses 1 Std. kühl stellen.

Den Backofen auf 200 °C vorheizen. Ein Backblech mit Backpapier auslegen. Den Blätterteig auf die leicht bemehlte Arbeitsfläche legen und etwas größer als das Fleischstück ausrollen. Das Filet aus der Folie wickeln und in die Mitte der Teigfläche setzen. Den Blätterteig um das Fleisch wickeln und an den Rändern gut andrücken, sodass ein fest verschlossenes Teigpäckchen entsteht. Nach Belieben die Ränder etwas abschneiden und aus dem übrigen Teig mit Ausstechern Dekorelemente herstellen und auf dem Blätterteig platzieren. Mit der Nahtstelle nach unten auf das Backblech legen und mit dem Eigelb bestreichen.

Das Blech 30 Min. in den Ofen schieben, das Fleisch sollte eine Kerntemperatur von 55–60 °C erreichen und der Blätterteig goldgelb und knusprig sein. Herausnehmen und 5 Min. ruhen lassen. Dann aufschneiden und auf einer großen Platte anrichten.

Cambridge Burnt Cream

Die Franzosen haben ihre Crème brûlée, die Briten die Cambridge Burnt Cream, von der man in England behauptet, sie sei sogar das Vorbild für die französische Variante. Die sahnig-süße Köstlichkeit hat zwar jede Menge Kalorien, aber die braucht Holmes auch nach einem langen, anstrengenden Tag auf dem Fahrrad, mit dem er kurzerhand die Verfolgung eines Verdächtigen aufnahm.

Zutaten

Für 6–8 Portionen

100 g Zucker
6 Eigelb
600 g Crème double
200 ml Milch
Mark von 2 Vanilleschoten

Außerdem:
ofenfeste Förmchen
brauner Zucker

Den Backofen auf 120 °C vorheizen.

Den Zucker mit den Eigelben in einer Schüssel mit den Schneebesen des Handrührgeräts gründlich verrühren.

Die Crème double in einen Topf geben. Milch und Vanillemark zufügen und mit dem Schneebesen zu einer homogenen Sahnecreme verrühren. Einmal aufkochen, vom Herd nehmen und kurz abkühlen lassen. Dann die Sahne zügig in die Eimasse rühren und gut mischen.

Die Eier-Sahne gleichmäßig in die Auflaufförmchen gießen. Die Förmchen auf ein Backblech stellen und so viel Wasser angießen, dass die Förmchen zu zwei Dritteln im Wasser stehen. In den vorgeheizten Backofen schieben und 50–60 Min. darin ziehen lassen, bis die Creme gestockt ist. Die Förmchen herausnehmen, abkühlen lassen und abgedeckt mind. 1 Std. kühl stellen.

Eine erste Schicht braunen Zucker auf der Creme verteilen und mit einem kleinen Gasbrenner karamellisieren. Unter dem Backofengrill (höchste Stufe) geht das auch in nur wenigen Minuten. Die Kruste erkalten und dadurch fest werden lassen. Im Anschluss eine zweite Schicht auf die Kruste streuen und nochmals karamellisieren – so entsteht eine wunderbar dicke, knackige Kruste.

Knusper-Camembert zum Feierabend

Mord ist Mord und Feierabend ist Feierabend, denkt sich Holmes höchstwahrscheinlich, als er sich nach dem Abendessen gemütlich mit Watson vor dem Kamin niederlässt, die Schuhe auszieht und die Beine hochlegt. Genüsslich stopft er seine Pfeife und genießt das prasselnde Feuer. Der nussig-süße Camembert mit Knusperkruste passt perfekt in die entspannte Szene, bekanntlich schließt Käse ja den Magen.

Zutaten

Für 2 Portionen

2 Eier
50 g Cornflakes
50 g Mandelblättchen
50 g Semmelbrösel
2 EL Mehl
2 Camemberts
Butterschmalz
2 EL Honig
50 g Granatapfelkerne
50 g Walnüsse, grob gehackt

Die Eier in einen tiefen Teller aufschlagen und verquirlen. Die Cornflakes etwas zerbröseln. Dann mit Mandeln und Semmelbröseln mischen und in einen zweiten Teller geben. Das Mehl in einen weiteren Teller geben. Die Camemberts zuerst im Mehl, dann im Ei und schließlich in den Mandel-Cornflakes-Bröseln wälzen. Die Panade etwas andrücken.

Reichlich Butterschmalz in einer Pfanne erhitzen. Die Camemberts darin ein paar Minuten goldgelb und knusprig ausbacken. Sobald sie sich oben etwas wölben, herausnehmen und auf zwei Teller setzen. Je 1 EL Honig darüberträufeln und Granatapfelkerne sowie Walnüsse aufstreuen.

LAMMKEULE MIT ERBSEN IN KRÄUTER-MINZ-PESTO

Mrs. Hudson kündigt an, zum Dinner grüne Erbsen zubereiten zu wollen. Dies bewegt Holmes dazu, die Klärung der Frage, welcher der drei verdächtigen Studenten geheime Unterlagen gestohlen hat, um die nahende Prüfung zu bestehen, auf den nächsten Tag zu verschieben. Verständlich, denn die Erbsen betten sich in ein cremiges Pesto und kommen mit einer verführerisch duftenden geschmorten Lammkeule auf den Tisch.

ZUTATEN

Für 4 Portionen

1 Lammkeule (ca. 1,7 kg)
1–2 EL Senf
Maldon Sea Salt
frisch gemahlener schwarzer Pfeffer
4 Schalotten
3 Knoblauchzehen
Olivenöl
2 EL Tomatenmark
500 ml Rotwein plus evtl. etwas mehr
4 Zweige Rosmarin
kalte Butter (nach Belieben)

Für die Erbsen:

4 Stängel Petersilie
4 Stängel Basilikum
2 Stängel Minze
350 g Erbsen (TK)
40 g Pinienkerne
40 g Cashewkerne
1 Knoblauchzehe
1 TL Zitronensaft
Olivenöl
40 g Parmesan
frisch gemahlener schwarzer Pfeffer
2 EL Butter

Den Backofen auf 200 °C vorheizen. Die Lammkeule kalt abwaschen, trocken tupfen, mit Senf bestreichen und kräftig mit Salz und Pfeffer würzen. Schalotten und Knoblauch schälen, die Schalotten grob hacken, den Knoblauch in dünne Scheiben schneiden. Reichlich Olivenöl in einem Bräter erhitzen. Die Lammkeule darin von allen Seiten anbraten. Dann herausheben und kurz ruhen lassen.

Schalotten und Knoblauch in den Bräter geben und kurz anschwitzen. Das Tomatenmark zufügen und mitrösten. Mit dem Rotwein ablöschen und die Lammkeule in die Sauce legen. Die Rosmarinzweige zugeben, einen Deckel darauflegen und ca. 1 Std. 30 Min. im Ofen schmoren. Die Keule ist gar, sobald klarer Fleischsaft austritt, wenn man sie am Knochen einsticht.

In der Zwischenzeit die Erbsen zubereiten. Dafür die Kräuter abbrausen, trocken tupfen und die Blättchen abzupfen. Die Erbsen in heißes Salzwasser geben und ca. 3 Min. darin ziehen lassen. Herausnehmen und kalt abschrecken. Pinien- und Cashewkerne in einer Pfanne ohne Fett leicht anrösten. Den Knoblauch schälen und grob hacken. Kerne, Knoblauch, Kräuter, Zitronensaft und etwas Olivenöl in einen Mixer geben und zu einer Paste mixen. Parmesan und so viel Olivenöl zufügen, bis ein cremiges Pesto entstanden ist. Mit Pfeffer würzen. In einem Topf die Butter schmelzen und die Erbsen darin erwärmen. Das Pesto zugeben, gut mischen und warm halten.

Wenn die Keule zart ist, aus dem Bräter nehmen, kurz ruhen lassen und anschließend quer zur Faser vom Knochen schneiden.

Den Rosmarin entfernen und die Sauce mit dem Mixstab pürieren. Ist sie zu sämig, noch etwas Wein oder Wasser angießen bzw. mit etwas kalter Butter binden, falls sie zu flüssig sein sollte.

Das Fleisch mit Sauce und Erbsen servieren.

Apfel-Mascarpone-Trifle zur Feier des Tages

Um ein kostbares Kronjuwel wiederzufinden, spielt Holmes mithilfe raffinierter Tricks mit dem Dieb Katz und Maus. Weil er den Erfolg mit Watson feiern möchte, bittet er Mrs. Hudson um ein Dinner für zwei. Hier darf ein Trifle nicht fehlen, die köstliche britische „Kleinigkeit". Und so wie Holmes stets die Wahrheit Schicht um Schicht enthüllt, freut sich der Genießer hier über einen Hochgenuss, der Schicht für Schicht den Gaumen kitzelt.

Zutaten

Für 4 Portionen

2 süße, saftige Äpfel
(z. B. Red Delicious oder Gala)
100 g Amaretti
1 EL Zitronensaft
1 EL Apfelsaft
1 TL Honig
½ TL Zimt
200 g Mascarpone
100 ml Sahne
Mark von ½ Vanilleschote
1 Prise gemahlene Muskatblüte
1 Prise gemahlener Kardamom
4 TL Amaretto

Außerdem:

Kakaopulver zum Bestäuben

Die Äpfel schälen, vierteln, vom Strunk befreien und in kleine Würfel schneiden. Die Amaretti grob zerbröseln. Etwa 20 g davon für die Dekoration zur Seite stellen.

Die Äpfel mit Zitronen- und Apfelsaft, Honig und Zimt in einen Topf geben und einmal aufkochen. Dann vom Herd nehmen und abkühlen lassen.

Den Mascarpone mit der Sahne in eine Schüssel geben. Vanillemark, Muskatblüte und Kardamom zufügen und mit dem Schneebesen einige Minuten zu einer glatten Creme verrühren.

Zuerst die Amaretti gleichmäßig auf vier Dessertgläser verteilen und je 1 TL Amaretto darüberträufeln. Alternativ alles in einer großen Schale anrichten. Dann eine Schicht Mascarponecreme, darauf eine Schicht Äpfel, dann wieder Mascarpone, Äpfel und zum Schluss mit einer Schicht Mascarpone abschließen. Die aufbewahrten Amaretti darüberbröseln, nach Belieben mit etwas Kakaopulver bestäuben und servieren.

Coq au Vin mit Austernpilzen

Holmes' kulinarische Vorlieben ähneln bisweilen seiner Art, Rätsel zu lösen. Außergewöhnlich muss es sein, damit es ihm gefällt. Eines Tages bringt er Austern und Birkhühner sowie edlen Wein mit nach Hause und freut sich auf ein heiteres Mahl mit seinem Gefährten. Wir schmoren unser Huhn lieber gleich im Wein und greifen statt der Austern zu feinen Pilzen.

Zutaten

Für 4 Portionen

1 Bio-Hähnchen (ca. 1,8 kg)
Maldon Sea Salt
frisch gemahlener schwarzer Pfeffer
Paprikapulver (edelsüß)
1 Bund Suppengemüse
2 Knoblauchzehen, zerdrückt
2 Zweige Thymian
2 Zweige Rosmarin
2 Lorbeerblätter
750 ml trockener Rotwein (am besten Burgunder)
150 g Räucherspeck
200 g Perlzwiebeln
200 g Austernpilze
Olivenöl
1 EL Tomatenmark
1 EL Butter
1 EL Mehl

Außerdem:

ggf. Gemüsefond zum Auffüllen
2 EL frisch gehackte Petersilie

Das Hähnchen gründlich waschen, trocken tupfen und in acht Stücke zerteilen, mit Salz, Pfeffer und Paprika würzen. Das Suppengemüse putzen und klein schneiden. Die Hähnchenteile mit Gemüse, Knoblauch und Kräutern in einen großen Gefrierbeutel geben. Den Wein angießen und den Beutel luftdicht verschließen. Das Hähnchen über Nacht im Kühlschrank marinieren.

Am nächsten Tag das Hähnchen aus der Marinade nehmen und trocken tupfen. Die Marinade beiseitestellen. Den Räucherspeck würfeln, die Perlzwiebeln schälen, die Austernpilze halbieren oder vierteln. Etwas Olivenöl in einem großen Bräter erhitzen, die Speckwürfel zugeben und 1–2 Min. knusprig ausbraten. Herausheben und beiseitestellen. Das Tomatenmark in den Topf geben, kurz karamellisieren, dann Zwiebeln und Pilze etwa 3 Min. darin anbraten, herausnehmen und beiseitestellen.

Falls nötig, mehr Öl in den Bräter geben. Die Hähnchenstücke portionsweise rundherum im Bräter anbraten, bis die Haut schön gebräunt ist. Ebenfalls herausnehmen und kurz ruhen lassen.

Die Butter in den Bräter geben und zerlassen, dann das Mehl einrühren und leicht anbräunen. Die Marinade portionsweise angießen und mit dem Schneebesen kräftig verrühren, damit keine Klümpchen entstehen; einmal aufkochen lassen. Hähnchenteile, Speck, Zwiebeln und Pilze zufügen. Die Hähnchenteile sollten komplett mit Flüssigkeit bedeckt sein. Wenn nötig, mit etwas Wasser oder Gemüsefond auffüllen.

Den Deckel so auf den Bräter legen, dass ein Spalt offen bleibt, und alles etwa 50 Min. schmoren lassen. Fleisch und Gemüse sollten schön zart und weich sein. Zum Servieren nach Belieben mit der Petersilie bestreuen.

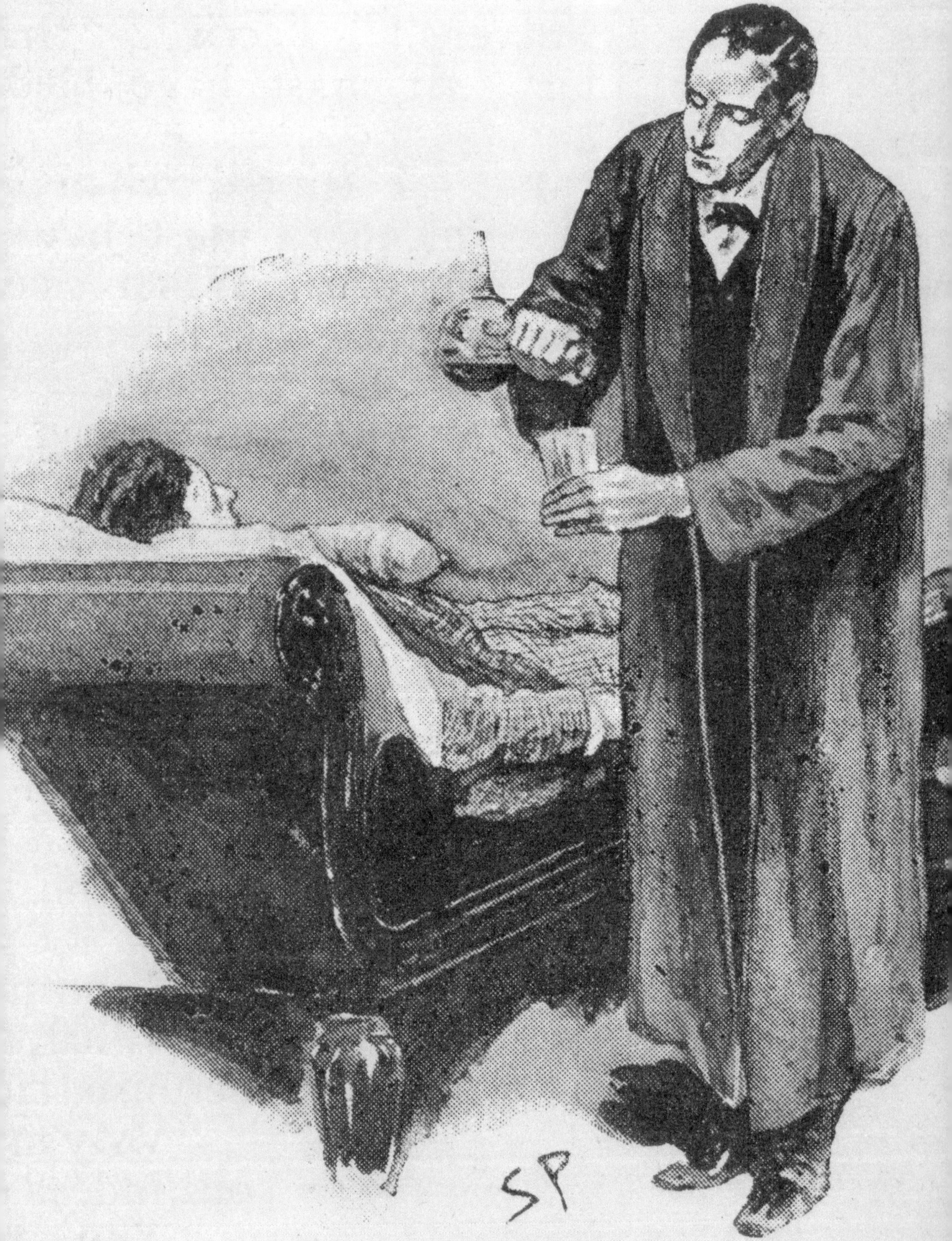

SHERLOCK HOLMES

INKS

BENTEUER * DER VAMPIR
VON WUNDENE BRAUT * DER BUND
DE N * ERZÄHLUNGEN UND ROMANE
DES INGENIEURS

Portonic Rosé

Als junger Student reist Sherlock Holmes mit seinem Kommilitonen Victor Trevor auf das Anwesen der Trevors in Norfolk. Am Abend sitzt man bei einem Glas Portwein zusammen. Der Hauch des ersten Falles, der in die dunkle Vergangenheit von Victors Vater zurückführt und dessen Lösung Holmes' Karriere als Meisterdetektiv begründet, liegt schon in der Luft. Unsere Empfehlung für die illustre Runde wäre dieser spritzige Tonic-Cocktail mit Rosé-Portwein und Johannisbeere als fruchtige Variante zum klassischen Gin Tonic, den die Briten ja so lieben.

Zutaten

Für 2 Personen

Eiswürfel
einige Johannisbeeren
plus 2 Rispen zum Garnieren
6 cl Rosé Portwein
2 cl Apricot Brandy
20 cl Tonic Water

Eiswürfel und Johannisbeeren in zwei Gläser geben. Portwein und Brandy hineingießen und mit dem Tonic Water auffüllen. Mit je einer Johannisbeerrispe garnieren.

TEE-COCKTAIL MIT GIN, GRAPEFRUIT & INGWER

Geht ein Vampir um im Anwesen von Robert Ferguson? Was tut sich dort Unheimliches, verhüllt von mystischen Nebelschwaden, die in den letzten Novembertagen das alte Herrenhaus umfangen? Holmes denkt gar nicht daran, sich zu gruseln, sondern zieht wie üblich nur logische Schlüsse aus den ihm bekannten Tatsachen. So bleiben ihm Zeit und Muße, erst einmal diesen hochprozentigen, fruchtigen Tee-Cocktail zu genießen, bevor er der Wahrheit auf den Grund geht.

ZUTATEN

Für 2 Personen

1 Stück Ingwer (1 cm)
5 TL grüner Tee
100 ml Gin
50 ml Grapefruitsaft
Eiswürfel
1–2 EL Agavendicksaft (je nach gewünschter Süße)
2 EL frisch gehackte Zitronenmelisse
100 ml Ginger Ale

Den Ingwer in dünne Scheiben schneiden. Den Grüntee mit dem Ingwer in eine Kanne geben. 500 ml Wasser zum Kochen bringen, auf 80 °C abkühlen lassen und den Tee damit überbrühen. Im Anschluss 2 Min. ziehen lassen, dann durch ein Sieb gießen und abkühlen lassen.

Gin und Grapefruitsaft zusammen mit reichlich Eiswürfeln, dem Agavendicksaft und der Zitronenmelisse in einen Shaker geben. Gründlich shaken und in zwei Gläser abseihen. Mit Tee und Ginger Ale zu gleichen Teilen aufgießen und genießen.

SCOTCH APPLE

Die Braut von Lord Robert St. Simon, Mitglied des englischen Hochadels, ist während des Hochzeitsmahls verschwunden. Niemand hat die hübsche Tochter eines amerikanischen Selfmade-Millionärs seitdem gesehen. Holmes weiß wie üblich schnell, was geschehen ist, doch er greift erst einmal zur Zigarre und lässt den verzweifelten Gatten noch ein wenig zappeln. Dieser Whisky-Cocktail mit Rauch- und Apfelnoten kühlt die Gemüter fürs Erste ein wenig, bevor Holmes die Sache aufklärt.

ZUTATEN

Für 2 Personen

8 cl Schottischer Single Malt Whisky
4 cl Zitronensaft
4 cl Calvados
2 cl Zuckersirup mit Apfelaroma (z. B. „Pomme“ von Monin)
Eiswürfel
2 Cocktailkirschen
2 Apfelscheiben
2 halbe Zitronen

Den Whisky mit Zitronensaft, Calvados und Zuckersirup in einen Shaker geben, mit Eiswürfeln auffüllen und kräftig schütteln. Dann in zwei Gläser abseihen. Einige Eiswürfel zufügen und mit Cocktailkirschen, Apfel- und Zitronenscheiben garnieren.

BAKER STREET NIGHTCAP

Nach einer langen Nacht, in der Holmes und Watson einen klug und von langer Hand geplanten Banküberfall verhindern und die Räuber dingfest machen können, treffen sie am frühen Morgen erschöpft in der Baker Street ein. Holmes ist guter Dinge, das darf gefeiert werden. Dieser seelenwärmende und bittersüße Rum-Grog gibt Gelegenheit, die Nerven zu beruhigen und die Ereignisse noch einmal Revue passieren zu lassen.

ZUTATEN

Für 2 Personen

10 cl brauner Rum
10 cl Rotwein
5 Spritzer Angosturabitter
1 Zimtstange
1–2 TL Amarenakirschsirup
(je nach gewünschter Süße)
4 Amarenakirschen

Rum, Rotwein und Angostura mit der Zimtstange erwärmen, aber nicht kochen lassen. Den Kirschsirup zufügen. Die Zimtstange entfernen und den Rum Pot in hitzebeständige Gläser füllen. Je 2 Amarenakirschen auf ein Cocktailspießchen stecken und die Gläser damit dekorieren.

SHERLOCKS ESPRESSO MARTINI

Sherlock Holmes liebt Kaffee. Den ganzen Tag über steht er für ihn bereit: unverzichtbar zum Frühstück am Morgen, aber auch zu einem schnellen Imbiss zwischendurch oder in Situationen, in denen er über einen seiner Fälle nachdenkt. Für die Cocktailstunde empfehlen wir diesen kühlen, starken Martini mit Espresso – der perfekte Drink für kluge Köpfe, der Ideen weckt und die Kreativität zu fördern weiß.

ZUTATEN

Für 2 Personen

Eiswürfel
8 cl Wodka
4 cl Kaffeelikör
4 cl kalter Espresso
6 Kaffeebohnen
(alternativ: 2 TL Schokoladenblättchen)

Ausreichend Eiswürfel in einen Cocktailshaker geben. Wodka, Kaffeelikör und den Espresso hineingießen und kräftig mixen. Dann in Martini-Gläser abseihen. Es sollte sich ein luftiger Schaum auf dem Martini bilden. Mit den Kaffeebohnen oder den Schokoladenblättchen dekorieren.

Cocktail für Victor Hatherley

Der Ohnmacht nahe erbittet der junge Ingenieur Victor Hatherley Doktor Watsons Hilfe für seine schwere Handverletzung. Watson ruft Holmes hinzu, da sich hier ein äußerst eigenartiger Fall zu verbergen scheint. Um dem jungen Mann das Erzählen seiner spannenden Geschichte so bequem wie möglich zu gestalten, serviert Holmes ihm einen hochprozentigen Schmerzstiller.

Zutaten

Für 2 Personen

4 cl Cognac
4 cl Cointreau
4 cl weißer Rum
2 cl Limettensaft
Eiswürfel
2 lange Zitronenzesten

Alle Zutaten in einem Cocktailshaker gut schütteln und anschließend in vorgekühlte Martini- oder Daiquiri-Gläser abseihen und mit je einer Zitronenzeste dekorieren.

MEINE GEHEIMEN NOTIZEN

Meine geheimen Notizen

Meine geheimen Notizen

Meine geheimen Notizen

Die Geschichten zu den Rezepten

Die Romane

Eine Studie in Scharlachrot, auch erschienen unter dem Titel **Späte Rache**
A Study in Scarlet

Das Zeichen der Vier
The Sign of the Four

Der Hund der Baskervilles
The Hound of the Baskervilles

Das Tal des Grauens
The Valley of Fear

Die Kurzgeschichten

Die Abenteuer des Sherlock Holmes

Ein Skandal in Böhmen, auch erschienen unter dem Titel **Skandalgeschichte im Fürstentum O.**
A Scandal in Bohemia

Der Bund der Rothaarigen
The Red-Headed League

Der geheimnisvolle Mord im Tal von Boscombe, auch erschienen unter dem Titel **Das Geheimnis von Boscombe Valley**
The Boscombe Valley Mystery

Fünf Apfelsinenkerne
The Five Orange Pips

Der Mann mit der Schramme, auch erschienen unter dem Titel **Der Mann mit der entstellten Lippe**
The Man with the Twisted Lip

Die Geschichte des blauen Karfunkels
The Blue Carbuncle

Das getupfte Band
The Speckled Band

Der Daumen des Ingenieurs
The Engineer's Thumb

Die verschwundene Braut, auch erschienen unter dem Titel **Der adlige Junggeselle**
The Noble Bachelor

Die Geschichte des Beryll-Kopfschmucks, auch erschienen unter dem Titel **Die Beryll-Krone**
The Beryl Coronet

Das Landhaus in Hampshire, auch erschienen unter dem Titel **Das Haus bei den Blutbuchen**
The Copper Beeches

Die Memoiren des Sherlock Holmes

Silberstrahl
Silver Blaze

Das gelbe Gesicht
The Yellow Face

Holmes' erstes Abenteuer, auch erschienen unter dem Titel **Die ‚Gloria Scott'**
The Gloria Scott

Die Gutsherren von Reigate
The Reigate Puzzle

Der Doktor und sein Patient
The Resident Patient

Der griechische Dolmetscher
The Greek Interpreter

Der Marinevertrag, auch erschienen unter dem Titel **Der Flottenvertrag** und **Das Geheimabkommen**
The Naval Treaty

Das letzte Problem, auch erschienen unter dem Titel **Sein letzter Fall**
The Final Problem

Die Rückkehr des Sherlock Holmes

Im leeren Haus
The Empty House

Der Baumeister von Norwood, auch erschienen unter dem Titel **Die gefährliche Erbschaft**
The Norwood Builder

Die Entführung aus der Klosterschule, auch erschienen unter dem Titel **Spuren im Moor**
The Priory School

Der schwarze Peter
Black Peter

Die sechs Napoleonbüsten
The Six Napoleons

Die drei Studenten
The Three Students

Der vermisste Fußballspieler, auch erschienen unter dem Titel **Der verschollene Three-Quarter**
The Missing Three-Quarter

Der Mord in Abbey Grange
The Abbey Grange

Wisteria Lodge, auch erschienen unter dem Titel **Der Tiger von San Pedro**
Wisteria Lodge

Die gestohlenen Unterseebootszeichnungen, auch erschienen unter dem Titel **Die Bruce-Partington-Pläne** und **London im Nebel**
The Bruce-Partington Plans

Der sterbende Sherlock Holmes, auch erschienen unter dem Titel **Der Detektiv auf dem Sterbebett**
The Dying Detective

Der Teufelsfuß
The Devil's Foot

Sherlock Holmes Buch der Fälle

Der Mazarin-Stein
The Mazarin Stone

Die Thor-Brücke, auch erschienen unter dem Titel **Das Rendezvous an der Brücke**
The Problem of Thor Bridge

Der Vampir von Sussex
The Sussex Vampire

Der illustre Klient
The Illustrious Client

Die Löwenmähne
The Lion's Mane

Die verschleierte Mieterin
The Veiled Lodger

Shoscombe Old Place
Shoscombe Old Place

Register

TEAM

SILKE MARTIN

Silke Martin arbeitet seit über 20 Jahren als freie Autorin und Lektorin für Verlage in ganz Deutschland. Sie veröffentlichte bislang 25 Reiseführer und Kochbücher. Bevorzugte Lektüre in der Freizeit sind historische Krimis und Thriller. Neben Mankells Kurt Wallander und Nesbøs Harry Hole gehört Sherlock Holmes zu ihren Lieblingsfiguren der Kriminalliteratur.

TINA BUMANN

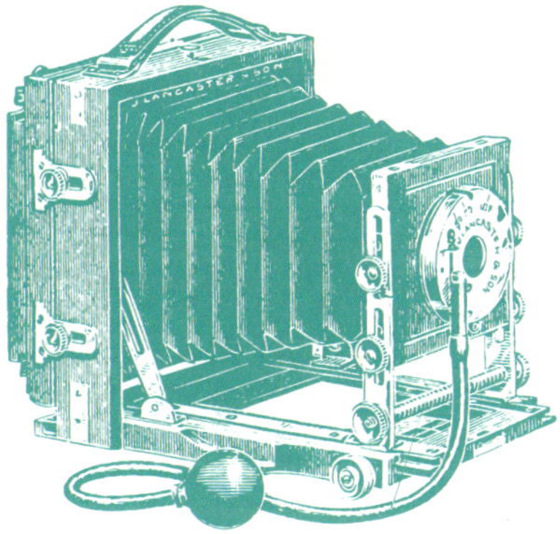

Tina Bumann lebt und liebt Food von seiner schönsten Seite. Und das vom Anfang bis zum Bild. Das Rezept entwickeln, sich beim Einkaufen inspirieren zu lassen, zu kochen und dabei das Schöne zu verstärken und der Bildkomposition einen außergewöhnlichen Charakter zu verleihen. Sie arbeitet als freie Fotografin, Foodstylistin und Rezeptentwicklerin. Ihre Fotos schmücken zahlreiche Cover und Magazinseiten, Homepages und Social-Media-Kanäle.

www.tinastausendschoen.de

ANDREA HÖGERLE

Andrea Högerle studierte Grafik-Design in Pforzheim. Ihre Faszination für England führte sie an die Universität nach Leeds, wo sie ihr Studium beendete. Nach Stationen in den Niederlanden gründete sie gemeinsam mit ihrem Partner, Simon Jefferson, eine Agentur für Visuelle Kommunikation in Köln.

www.jefferson-hoegerle.com

Bildnachweise

Illustrationen Cover
Shutterstock: alex74 (Lupe); Babich Alexander (Geige); Channarong Pherngjanda (Pfeife); Svet_Lana (Revolver)
Smilypixel (Hut, Teekanne)

Illustrationen Kapitelaufmacher
Picture Alliance: Mary Evans Picture Library, S. 6, S. 8, S. 30, S. 80, S. 104; united archives, S. 58
Smilypixel: S. 9, S. 31, S. 59, S. 81, S. 105

Illustrationen UV-Farbe
Shutterstock: Popup, S. 20-21, 92-93; Svet_Lana, S. 26; BTSK, S. 28-29; Adiemus, S. 30; Artur Balytskyi, S. 30; Deviney Designs, S. 32; chempina, S. 51; 19srb81, S. 52; Vector Tradition, S. 53; vector_ann, S. 60; Babich Alexander, S. 64; Mastak A, S. 64; Morphart Creation, S. 82; Trikona, S. 90; AVA Bitter, S. 101; AlisaRed S. 108 indigirka; S. 109
Smilypixel: S. 17, S. 25, S. 27, S. 88-89

Illustrationen Notizen
Shutterstock: Trikona, S. 118; Vector Tradition S. 119
Smilypixel: S. 120

Illustrationen Teamseite
Smilypixel: S. 127

Illustrationen Lesezeichen
Shutterstock: alex74 (Lupe); Popup (Fingerabdruck); chempina (Giftflasche), Morphart Creation (Mohnblume), Deviney Designs (Pulver)
Smilypixel (Schlange, Sonnensystem, Kopf, Sternzeichenkarte, Taschenuhr)

Impressum

MIX
Aus verantwortungsvollen Quellen
FSC® C022120
FSC www.fsc.org

5 4 3 2 1 25 24 23 22 21
978-3-88117-249-3

Idee und Konzept: *Hölker Verlag*
Rezepte und Texte: *Silke Martin*
Rezeptfotografie: *Tina Bumann, www.tinastausendschoen.de*
Layout und Satz: *Jefferson & Högerle, www.jefferson-hoegerle.com*
Lektorat: *Julia Bauer*
Herstellung: *Anja Bergmann*
Litho: *FSM Premedia GmbH & Co. KG, Münster*
Redaktion: *Muriel Magon*

www.hoelker-verlag.de